ISBN: 978-3-7088-0421-7

AUTOREN: Heino Huber
Christoph Wagner

LEKTORAT: Dietmar Unterkofler
Eva Manhardt

FOTOS: Kurt-Michael Westermann

GRAFIK: Robert Wimmer

DRUCK: Theiss GmbH
A-9431 St. Stefan
Printed in Austria

1. Auflage, Oktober 2007

Heino Huber . Christoph Wagner

Fischküche

aus Bach, Fluss, Teich und See

Warum gerade Süßwasserfische?

Ökologische und ernährungsphysiologische Grundlagen

Im Jahre 2050, so ist nicht nur Greenpeace überzeugt, werden wir aus den Weltmeeren außer Algen und Quallen nicht mehr viel Essbares herausholen können, wenn sich nicht schleunigst etwas tut. Tun heißt: Fangquoten radikal reduzieren, einen Großteil der Speisefische für längere Zeit unter Naturschutz stellen, Fischzuchten und Aquakulturen aus ökologischen Gründen radikal einschränken bzw. auf solche mit Bio-Label beschränken – und außer Heringen und Makrelen möglichst gar keine Fische mehr essen.

Kurzum: Der alte Mann hat sein Meer längst ausgefischt. Der Seeteufel ist nicht mehr der „Hummer der Armen", der Kabeljau nicht Käpt'n Iglos lustiger Kinderfreund und Fischstäbchenproduzent, und die Bouillabaisse, noch in den 50ern der „Bauernschmaus der Mittelmeerfischer", ist mittlerweile eine der teuersten Delikatessen der Welt geworden. Schaltiere stammen meist aus obskuren Zuchten, in denen sie nicht nur mit Antibiotika, sondern auch mit Fischmehl gefüttert werden, dessen Gewinnung seinerseits wieder die Fischbestände verringert. Längst haben sich Feinschmecker auch daran gewöhnt, für Fische „aus Wildfang" Phantasiepreise zu zahlen, die täglich noch phantastischer und wohl schon bald in Schwarzmarktpreise kippen werden.

Der Grund dafür ist klar: Fischers Fritzen haben den alten Zungenbrecher, wie es scheint, allzu ernst genommen und in der zweiten Hälfte des 20. Jahrhunderts – vor allem dank zweifelhafter Errungenschaften wie Dynamit- und Treibnetzfischerei – viel zu viele Fische gefangen.

Gesunde Genüsse aus süssen Wassern

Auf der anderen Seite sind sich die Ernährungsmediziner aus allen Ländern einig, dass wir unseren Speiseplan wesentlich fleischärmer gestalten und dafür möglichst zweimal pro Woche Fisch essen sollten. Würden das freilich ab morgen alle Menschen auf der Welt tatsächlich tun, würde zu Lande der gesamte Fleischmarkt unter Bergen von Gammelfleisch zusammenbrechen, während das prognostizierte Schicksalsjahr 2050 auf hoher See vermutlich schon 2015 eintreten würde.

Ebenso einig sind sich allerdings Ökologen, dass der Zustand der Meere eine solche Versorgung in den nächsten Jahren keinesfalls zulassen wird.

Seen, Teiche, Flüsse und Bäche bieten sich daher zumindest teilweise als „Ausweichquartier" für Fischgenießer an. Denn gerade die süßen Wasser sind für Fischgourmets bestens sortiert. Forellen, Saiblinge, Zander, Welse und ungezählte andere Fische, die in intakten Gewässern leben, bieten ein echtes „Gesundheitsreservoir" an mehrfach ungesättigten Fettsäuren und wirken sich auch günstig auf den Cholesterinspiegel aus.

Starkoch Heino Huber (links) beim Fischfang auf dem Bodensee

Vor allem aber erfreuen Süßwasserfische den Gaumen und regen die Kreativität guter Köche an.

Nur: Werden die glasklaren Bächlein und Süßwasserseen unseren steigenden Fischbedarf auch wirklich decken können? Immerhin kommen von den gut 20.000 weltweit bekannten Fischarten gerade einmal 5.000 im Süßwasser vor.

Österreich, du hast es wieder einmal besser. Sollte man zumindest meinen. Von den meisten Ländern ob unserer schier unerschöpflichen Grund- und Wildwasserreserven als „Wasserscheichs" beneidet, sind wir auch mit edlen Süßwasserfischen bestens versorgt. Forellen, Saiblinge, Zander und Welse tummeln sich in unseren Wassern ebenso wie Aale, Neunaugen, Äschen, Hechte, Schleien und Huchen, um nur jene Arten zu nennen, die auch den Gaumen des Gourmets besonders erfreuen.

Von der Vorstellung, ein Süßwasserschlaraffenland zu sein, sind wir dennoch weit entfernt. Die meisten Neusiedlersee-Zander nahmen ihren Weg von Kanada oder Polen über die Tiefkühltruhe ins Burgenland. Das meiste, was als Waller auf den Tisch kommt, ist billiger Catfish aus dubiosen, meist afrikanischen Zuchtquellen. Eine echte Gebirgsbachforelle, ein Bodenseefelchen oder ein echter Attersee-Saibling sind selbst auf den Tellern der Top-Gastronomie nach wie vor seltener anzutreffen als Steinbutt, Seezunge & Co.

Auch Greenpeace warnt vor allzu großer Süßwasser-Euphorie und kann sich einstweilen nur mit Empfehlungen für Karpfen, Lachs und Forelle aus Bio-Aquakulturen anfreunden.

Gottlob besitzt Österreich auch in dieser Hinsicht einen Sonderstatus. Denn gerade in den letzten Jahren haben sich hierzulande zahlreiche auch ökologisch verantwortungsbewusste Süßwasser-Initiativen etabliert.

Vor allem der österreichische Karpfen ist sowohl aus ökologischer als auch aus feinschmeckerischer Sicht ein – auch bei pessimistischer Betrachtungsweise – krisenfester Fisch. Neben dem weltberühmten Waldviertler Karpfen (dem heimischen Bruder des klassischen „Böhmischen Karpfens") ist etwa auch der steirische Teichkarpfen ein echtes „Gesundheitsreservoir". Versorgt er uns doch durch seine Aufnahme von Plankton und Insektenlarven aus dem stehenden Gewässer mit einem relativ hohen Anteil an mehrfach ungesättigten Fettsäuren sowie Linolsäuren bzw. Omega-3-Fettsäuren, die sich günstig auf den Cholesterinspiegel auswirken und nach

jüngsten medizinischen Studien auch Thrombosen vorbeugen können.

Einen inzwischen auch international extrem erfolgreichen Prototyp verantwortungsbewusster Fischzuchtkultur hat der „Aussteiger" Peter Brauchl mit seinem „Alpenlachs" geschaffen, einem aus dem Alaska-Saibling abgeleiteten und in Gutenstein im Piestingtal zu höchster geschmacklicher Vollendung weiterentwickelten „Gourmetfisch", der allen ökologischen wie geschmacklichen Standards genügt und mittlerweile auch an anderen Standorten, etwa im Ausseer Land, gezüchtet wird.

Pars pro toto sei in diesem Zusammenhang auch noch das vor den Toren Wiens gelegene Leobersdorfer Gut Dornau der gräflichen Familie Trauttmansdorff erwähnt, das sich auf in Einklang mit der Natur herangezüchtete Karpfen, europäische Flusswelse, Forellen, Lachsforellen, Saiblinge und Schleien spezialisiert hat.

Keine wunderbare Fischvermehrung

Auch wenn es gerade in Österreich immer mehr verantwortungs- und qualitätsbewusste Fischzüchter gibt und auch unsere wilden Wasser da und dort wahre Prachtstücke bereithalten, so bleibt die wunderbare Fischvermehrung wohl auch weiterhin dem Matthäusevangelium vorbehalten. Wir werden uns, so wünschenswert dies aus ernährungsphysiologischer Sicht auch sein mag, wohl oder übel damit abfinden müssen, dass Fisch – und zwar weder Meeres- noch Süßwasserfisch – als Massennahrungsmittel nicht (mehr) taugt. Die Zukunft des Fischgenusses liegt daher ohne jeden Zweifel in der Qualität und nicht in der Quantität.

Wie schwierig es ist, die steigende Nachfrage an Süßwasserfischen zu befriedigen, wissen beispielsweise jene 25 Traunseefischer, die vor einigen Jahren unter dem Motto „Rettet den Traunseefisch" ein Bruthaus errichtet haben, um die durch die Sünden der Wirtschaftswunderjahre geschwundenen Fischbestände im Traunsee wieder auf Vordermann zu bringen und 4,5 Millionen Jungfische einzusetzen.

Je kürzer der Weg, den der Fisch von seinem Lebensraum, dem Wasser, bis auf die Tafel zurücklegen muss, desto besser mundet er. Und man muss kein großer Geograph sein, um zu wissen, dass der frischeste Fisch in binnenländischen Breiten wie den unseren nichts anderes als ein Süßwasserfisch sein kann.

Was übrigens auch ganz im Sinne der Empfehlungen des World Wildlife Fund (WWF) ist, der Fischgourmets empfiehlt, möglichst nur einheimischen Fisch, und diesen „als nicht alltägliche Delikatesse" zu genießen. Wenn wir diese Empfehlung ernst nehmen, werden uns Karpfen, Forelle & Co. wohl noch einige Zeit erhalten bleiben. Vermutlich sogar wesentlich länger als bis 2050.

Was ist so gesund an Süsswasserfischen?

Für Chinesen ist die Sache schon lange klar: Seit jeher misstrauen sie der Sauberkeit des Meeres und bevorzugen Süßwasserfische schon allein deshalb, weil sie ihre Seen, Bäche und Flüsse für glasklar halten (was zur Kaiserzeit sicher stimmte, mit zunehmender Industrialisierung des Landes aber immer weniger wahr wurde).

Ob Süßwasserfische tatsächlich gesünder als Meeresfische sind, bleibe dahingestellt. Grundsätzlich trifft jedoch auf Süßwasserfische, wenn sie aus gesunden Gewässern stammen, ähnliches wie auf Meeresfische aus unverseuchten Fischgründen zu. Ihr Fleisch ist cholesterinarm, extrem reich an gesundem Eiweiß und enthält alle essenziellen Aminosäuren, die Vitamine A, D, K und den Vitamin-B-Komplex sowie zahlreiche Mineralien und Spurenelemente, die von der Hormonsteuerung über den Knochenaufbau bis zur Gesunderhaltung der Zähne allenthalben wohltuende Wirkungen zeigen.

Von einigen Ausnahmen abgesehen sind Süßwasserfische Leichtfische und haben daher Kalorienwerte, von denen Schlankschlemmer nur träumen können. Zum Ausgleich dafür schlagen fettere Süßwasserfische zumeist mit einem überproportionalen Anteil an Omega-3-Fettsäuren auf der Habenseite der „gesunden Cholesterine" zu Buche, die Fettleibigkeit verhindern bzw. abbauen und Herzerkrankungen vorbeugen.

Wenn Fisch freilich paniert und in Fett gebacken wird, schlagen solche „Good-News" sehr schnell in „Bad-News" um, die dann bald auch auf der Waaganzeige erscheinen.

Wo Süßwasserfische allerdings verantwortungsvoll und gesundheitsbewusst eingesetzt werden, braucht man, wie die folgende **Kalorientabelle** (Angaben je 100g) beweist, den morgendlichen Blick auf die Waage für gewöhnlich nicht zu scheuen.

Aal	281 kcal
Äsche	113 kcal
Barsch (Egli)	81 kcal
Flusskrebs	89 kcal
Forelle	102 kcal
Hecht	82 kcal
Karpfen	115 kcal
Lachsforelle (Seeforelle)	136 kcal
Reinanke (Felchen)	108 kcal
Schleie	77 kcal
Wels	165 kcal
Zander (Fogas, Schill)	83 kcal

Fisch ist Mood-Food

Gutes, zuträgliches Essen soll Langeweile ebenso vertreiben wie Depressionen. Denn, so hat etwa auch die führende österreichische Ernährungswissenschafterin Hanni Rützler, erforscht: „Essen wird zunehmend als Regulativ für die eigenen Stimmungslagen eingesetzt: Ist uns langweilig, greifen wir zu Snacks, die einen knackigen akustischen Stimulans versprechen. Fühlen wir uns ausgelaugt, so brauchen wir etwas Stärkendes, Weiches, Einlullendes. Exotische und luxuriöse Speisen dienen als Belohnung für erbrachte Leistungen oder als Waffe gegen die eigene Frustration."

Süßwasserfisch ist in diesem Zusammenhang ein echter „Good-Mood-Maker." Er beeinflusst nicht nur die körperliche Fitness, sondern auch die mentale Leistungsfähigkeit positiv, ist also immer wieder für

einen positiven emotionalen Schub gut. Das Geheimnis dahinter steckt in den im Fisch enthaltenen Aminosäuren, die das wertvolle Fischeiweiß aufbauen, darunter auch die Ernährungsbausteine Tryptophan und Tyrosin (und in weiterer Folge das euphorisierende Serotonin), die der Körper selbst nicht bilden kann.

Ähnliche Bedeutung für das psychisch-physische Gleichgewicht haben die „Energievitamine" der B-Gruppe, von denen die Energieproduktion der Muskel- und Nervenzellen sowie die Übermittlung von Nervenreizen abhängt. Werden diese Reize durch Vitamin-B-Mangel nicht oder nur mangelhaft übermittelt, kommt es zu Erscheinungen wie Nervosität, Schlaflosigkeit, Lustlosigkeit oder gar Depression.

Gegen Stress und Depression wirken auch das im Fisch enthaltene Magnesium und das Lustlosigkeit bekämpfende Jod. Fazit: Wer viel Fisch isst, ist gleich ein viel angenehmerer Zeitgenosse.

Mit Süsswasserfischen kocht es sich doppelt leicht

Fisch ist ein wesentlicher Teil jeder modernen, leichten Küche, die Rücksicht auf die Veränderungen in unserer Arbeits- und Freizeitgesellschaft nimmt. Nicht mehr die harte körperliche Arbeit muss heute bei den meisten von uns durch Kalorienzufuhr ausgeglichen werden. Im Gegenteil: Es geht darum, unsere großteils in einer bewegungsarmen „Bürogesellschaft" angesiedelten Tätigkeiten durch ein gezieltes

Programm aus leichter, gesunder Energiezufuhr wieder auszugleichen. Fleisch, so haben Ernährungswissenschafter längst erkannt, ist dazu nicht oder allenfalls in kleinen Mengen geeignet. Fisch, Gemüse, knackige Blattsalate, frische Kräuter und Obst sind es umso mehr, ebenso wie gesunde Essenzen, von edlen Essigen und Ölen bis hin zu Chutneys, Fruchtgelees und anderen eingelegten Genüssen.

Gefragt ist immer mehr eine „leichte Küche" im doppelten Wortsinn: leicht verdaulich und leicht herzustellen.

Eine moderne Süßwasserfischküche ist beides, vor allem auch deswegen, weil der moderne Lebensmittelhandel heute kaum noch ganze Fische zum Selber-Ausnehmen, sondern durchwegs küchenfertige, meist sogar vorfiletierte und entgrätete Ware anbietet.

Das vor Ihnen liegende Kochbuch will Ihnen die Arbeit mit diesem gesunden, zuträglichen Material erleichtern und bietet jede Menge spannender Kombinationen von gesundem Fisch mit anderen gesunden Lebensmitteln.

Süßwasserfische sind bibelfest

Eine kleine Historie, wie der Bibelfisch über den Fastenfisch zum Diätfisch wurde

Die Buchstabenkombination IKTUS findet man häufig unter Christus-Darstellungen. Sie steht für die Anfangsbuchstaben von „Iesus Khristos Theou Uios Soter" und bedeutet soviel wie „Jesus der Gesalbte, Sohn Gottes, Erlöser". „Iktus" heißt aber auch Fisch, und genau in dieser Gestalt wird Christus aus diesem Grunde oft dargestellt.

Das Neue Testament ist allein schon deshalb ausgesprochen fischfreundlich, weil Jesus seine Jünger hauptsächlich unter Fischern erwählt – und es sind keine Meeresfischer, sondern Fischer vom See Genezareth. Auch der dort heute noch gefangene St. Petersfisch ist ein Süßwasserfisch und hat nichts mit dem gleichnamigen Meeresfisch zu tun.

Fische begleiten Jesus indessen nicht nur zu Lebzeiten, sondern auch nach seinem Tod. Als der Messias nach der Auferstehung den Aposteln erscheint (Luk 24, 41–42), bittet er sie, ihm doch etwas zu essen zu geben – und erhält von ihnen ein Stück Bratfisch, den er auch vor den Augen der Apostel in aller Seelenruhe verzehrt.

Der Lieblingsfisch der israelischen Bevölkerung ist bis heute zweifellos der Flusskarpfen geblieben, der die Basis für das Rezept des „gefilten Fisch“ bildet, eine Spezialität aus der ostjüdischen Küche Galiziens, die heute in Israel als Nationalgericht gilt.

Die Frage, ob dieser „gefilte Fisch“ nur ein galizisches, oder ein allgemein jüdisches Rezept sei, wurde, wie Salcia Landmann in ihrem Buch über „Bittermandel und Rosinen“ berichtet, sogar im israelischen Parlament zwischen Karpfenliebhabern und Fischverächtern erörtert. Ein sozialistischer Abgeordneter wies dabei im Verlauf der Debatte darauf hin, dass die Juden diesen Fisch schon zur Zeit der babylonischen Gefangenschaft gegessen hätten und er zitierte dabei die Schriftstelle, das Volk Israel sei an den Wassern Babylons gesessen und habe sich beim Karpfenessen über das traurige Los des Lebens im Exil hinweggetröstet.

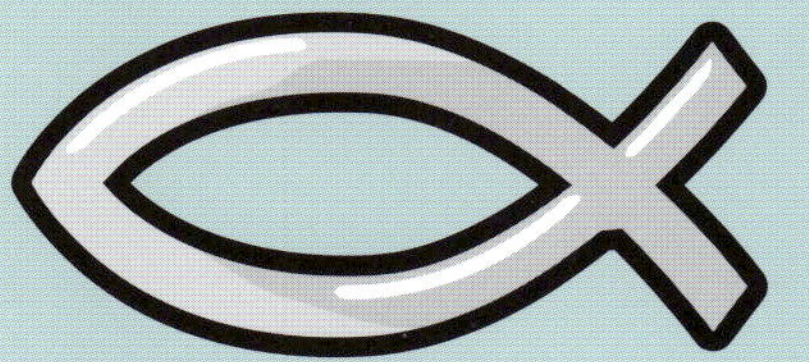

Dass der Karpfen ausgerechnet anlässlich des Festes von Christi Geburt auf der Tafel landet, hat allerdings auch mythologische und theologische Wurzeln. Da man lange Zeit glaubte, der Karpfen sei geschlechtslos und samenlos dem Wassergrunde selbst entsprungen, eignete er sich besonders trefflich als essbare Metapher für die Unbefleckte Empfängnis. Und dass die Anatomie des Karpfenkopfes die Gläubigen in phantasievolleren Epochen die Marterwerkzeuge Christi erkennen ließ, mag mit ein Grund für sein kulinarisches Naheverhältnis zum Liturgischen sein. Etwas profaner ist indessen der alte Aberglaube, dass Karpfenrogen, am Weihnachtsabend oder zu Silvester gegessen, Glück bringen soll.

Ihre wahre Karriere machten die Fische – und dank ihrer leichteren Verfügbarkeit im Binnenland die Süßwasserfische im besonderen – jedoch im Zuge der seit dem Mittelalter zunehmend strenger werdenden christlichen Fastenordnungen. Mit Eingang des Christentums wurde die Einschränkung von Fleischgenuss bis hin zur völligen Enthaltsamkeit nämlich zur löblichen Tat. Die menschliche Natur sollte dadurch friedsamer und zu inniger Vertiefung fähiger werden. Klöster und Mönchsorden erlegten sich damals strenge Fastenregeln auf, aber nicht nur für sie, sondern für alle Gläubigen galten damals Fastengebote für einzelne Fasttage und mehrwöchige Fastenzeiten ohne jegliche tierische Nahrung, die vom Volk unter der Aufsicht der Obrigkeit streng eingehalten wurden.

Einzig die für „blutlos“ gehaltenen Fische, „bei deren Tötung kein Blut fließt“, galten nicht als Fleisch und waren an Fasttagen erlaubt – weshalb sie zum tragenden Element einer „alternativen“, weil fleischlosen Kochkultur wurden.

Ähnliche Wertschätzung wie zwischen Mittelalter und Gegenreformation erfuhr die Süßwasserfischkultur erst wieder im Zeichen der diversen „Diätwellen“ des ausgehenden 20. und des beginnenden 21. Jahrhunderts.

Kleine Süsswasserfisch-Warenkunde

Vom Karpfen bis zum Flusskrebs

Cypriniden: Der Karpfen als Festtagsschmaus

Der beliebteste Süßwasserfisch für jegliche Art von Festtagstisch war zu allen Zeiten der Karpfen. Erst in jüngster Zeit war und ist die aufwändige Zubereitung – Karpfen wird meist im Ganzen gebraten, geschmort oder gekocht – und auch seine Deftigkeit der Popularität eher abträglich gewesen, und seine Beliebtheit hat sich eher in ländlichen Gebieten als im urbanen Raum erhalten.

Zu den karpfenartigen Fischen – typisches Merkmal sind die Zwischenmuskelgräten – zählen neben **Wildkarpfen, Spiegel-, Schuppen- und Lederkarpfen, Koi** (Buntkarpfen), **Amur** (Graskarpfen), **Silberamur** (Tolstolob), gefleckter **Silberamur** (Marmorkarpfen) sowie **Schleien**, **Brachsen** und **Barben**.

Der Grund für die Beliebtheit des Karpfens ist wohl einerseits darin zu suchen, dass sein nahrhaftes Fleisch nach der vierwöchigen Advents-Fastenzeit am ehesten geeignet war, entsprechende Festeslaune aufkommen zu lassen. Zudem mundet Karpfenfleisch in der kalten Jahreszeit einfach am besten und ist darin jenem der Gans verwandt, der es ebenfalls stets dann an den Kragen geht, wenn das Christkind vor der Tür steht. Am weitesten verbreitet ist heutzutage neben Gras-, Schuppen- und Silberkarpfen der Spiegelkarpfen, dessen Name auf seine wenigen gro-

Karpfen

ßen Schuppen zurückgeht, die auch Spiegel genannt werden. Sein Fleisch ist feiner und fettärmer als jenes des normalen Schuppenkarpfens. Man sollte jedoch beim Fischhändler zu solchen Exemplaren greifen, die weniger als zwei Kilogramm wiegen. Übrigens: Lassen Sie sich die Innereien ruhig miteinpacken. Denn Fischbeuschelsuppe und gebackene Karpfenmilch sind echte Delikatessen.

So populär der Karpfen als Weihnachtsfisch auch sein mag, so gilt er doch gemeinhin als relativ fett, was wohl vor allem auf seine mitunter recht üppigen Zubereitungsarten als Paprika-, Bier- oder sogar Lebkuchenfisch zurückzuführen sein mag. In Wahrheit hat Karpfenfleisch, je nach Fettgehalt, nur zwischen 70 und 125 Kalorien pro 100 g. Wer in Sachen Kalorien allerdings wirklich auf Nummer sicher gehen will, für den bieten die süßen Gewässer auch noch „Schlankeres" an, nämlich:

Salmoniden: In einem Bächlein helle

Zur Familie der Salmoniden (lachsartige Fische mit strahlenloser Fettflosse hinter der Rückenflosse) zählen neben der **Bach-, der Regenbogen- und der Goldforelle** auch die gezüchtete und fettreiche rote Lachsforelle, der edle **Bach-** und der **Seesaibling**, die **Reinanke** (auch **Renke** oder **Felchen**), der festfleischige **Huchen** sowie die rare und unter Gourmets heiß begehrte **Äsche**.

Bodenseeforelle

Zu den Salmoniden gehören auch Lachsforellen, die zumeist nichts anderes sind als große Regenbogenforellen mit lachsrosa Fleisch. Auch der berühmte Alpenlachs, Peter Brauchls erfolgreiche Züchtung aus Alaskasaibling und Seeforelle, gehört in diese Gruppe.

Vor allem Forellen und Saiblinge, die dank ihres flotten Wanderlebens in bewegten Gewässern mit rund 50 Kalorien auf 100 g so gut wie überhaupt kein

Fett ansetzen, haben sich heute zu Lieblingsfischen figurbewusster Genießer entwickelt.

Leider schwimmen heute nur noch die wenigsten Forellen wie zu Franz Schuberts Zeiten „in einem Bächlein helle". Die meisten Bachforellen – und auch ihre zahlreichen Verwandten aus der Salmonidenfamilie – gelangen, wenn sie in natürlichen Gewässern gefangen werden, nicht in den Handel und landen allenfalls in Gourmettempeln und teuren Delikatessenläden. Im Supermarkt sind meist nur solche Fische erhältlich, die aus Zuchten stammen, die freilich oft auch auf einem ökologisch einwandfreien und mitunter sogar sehr naturnahem Niveau geführt werden. Deshalb lohnt es sich auch, die nähere Umgebung nach Hobby- oder Berufsfischern zu durchsuchen, und so an diese Top-Fischqualität zu gelangen. Gerade Profiköche machen immer wieder die Erfahrung, dass viele Sport-Angler ihre Leidenschaft vor allem dem Fang widmen und gar nicht besonders versessen darauf sind, diesen nach erfolgtem Petri Heil auch zu verkochen und zu verspeisen.

Mit Recht werden die Bachforellen von Feinschmeckern als ebenso delikat gerühmt wie der Seesaibling, der früher auch Salmling, Rötel oder Schwarzreiter genannt wurde und wegen seines vorzüglichen Fleisches einst ausschließlich der Verarbeitung bei Hofe vorbehalten war. (Daher auch der Name Schwarzreiter: Diese mussten nämlich die besten Saiblingsplätze gegen Wilddiebe abschirmen.) Auch der kleine Attersee-Saibling, der sich in den tiefsten Tiefen des Sees aufhält, gehört in diese Gruppe.

Dass das Fleisch der Saiblinge zu bestimmten Zeiten eine rosa bis orange Färbung annimmt, ist heute leider nur noch selten ein Zeichen dafür, dass sie sich von Planktonkrebsen ernährt haben. Meistens verdanken sowohl Lachsforellen als auch Saiblinge ihr Zartrosa der Zufütterung von Karotin oder vergleichbarer synthetischer Farbpigmente. Ausnahmen wie der Traunsee oder der Bodensee bestätigen freilich die Regel. Gerade in Letzterem ist in den letzten Jahren ein gehäuftes Auftreten dieser äußerst delikaten und dekorativen Fische zu bemerken. Die wunderschön gefärbten Saiblinge, die von der Fischerin ins Deuring-Schlössle geliefert werden, sehen von Jahr zu Jahr appetitlicher aus.

Sowohl Forellen als auch Saiblinge haben sich in jüngster Zeit auch als probate (und tierethisch im Gegensatz zum Beluga unbedenkliche) Kaviarlieferanten bewährt. Mittlerweile zu veritablen Weltruhm gelangt ist beispielsweise der Saiblingskaviar von Sicher aus Tainach in Kärnten. Eindeutig in der „Gourmetklasse" spielt auch der geräucherte Saiblingskaviar aus der Fischzucht Haas im oberösterreichischen Winden bei Piberbach mit. Der Kaviar des Blaufelchens aus dem Bodensee wiederum ist eine ganz spezielle Delikatesse, die zum Leidwesen weiter östlich lebender Feinschmecker nur bei einigen Berufsfischern vor Ort erhältlich ist.

Nicht mit der Forelle verwandt, aber in Geschmack und Zubereitung den Salmoniden durchaus vergleichbar sind die zur Familie der Maränen zählenden Reinanken oder Blaufelchen, die vor allem in

Kärntner- und Salzkammergut-Seen sowie dem Bodensee heimisch sind.

Süßwassermajestäten: Der Zander und andere barschartige Fische

Zu den barschartigen Fischen, die wegen ihrer zweigeteilten, stacheligen Rückenflosse auch Stachelflosser genannt werden, zählen neben dem **Zander** (auch **Fogosch, Schill** oder **Hechtbarsch**) auch der **Flussbarsch** (**Egli**), der **Schwarz-** und der **Forellenbarsch**.

Ein guter Zander, das wissen Fischgourmets längst, nimmt es, wenn er richtig zubereitet wird, auch mit den Königen der Meere wie Steinbutt oder Wolfsbarsch geschmacklich locker auf. Der besonders zart- und weißfleischige Fisch ist sowohl in der Donau als auch in vielen heimischen Seen anzutreffen und spielt daher gerade in der österreichischen Küche seit jeher eine große Rolle. Tatsächlich meinten schon Habs und Rosner, die Autoren eines noch zu Zeiten der Donaumonarchie erschienenen „Appetitlexikons", dass „keine Küche dem Schill (...) mehr Gerechtigkeit widerfahren lässt als die Wiener." Da der Zander mit einem Fettgehalt von weniger als 1% zu den ausgesprochenen „Magerfischen" zählt und gleichwohl viel Eigengeschmack hat, ist seine Beliebtheit (und leider auch sein Preis) gerade in den letzten Jahren wieder enorm angestiegen.

Siluriden: Waller, Welse, Schaden

In der Wertschätzung der Süßwasser-Feinschmecker steht der auch **Waller** oder **Schaden** genannte **Wels** ganz vorne. Der Waller ist ein schwarz-violetter bis dunkelolivgrüner Raubfisch mit breitem Kopf, großer Mundspalte, Barteln am Ober- und Unterkiefer sowie fehlender Fettflosse. Verwandt ist der Zwergwels mit Fettflosse und Schleienschwanz. Vorsicht: Welse haben sehr spitze Brustflossen, an denen man sich leicht verletzen kann!

Der Waller, der bis zu 3 m lang und 250 kg schwer werden kann, ist wegen seines festen Fleisches und seines massiven Rückenknorpels am ehesten mit

Zander

Wels

dem Angler bzw. Seeteufel der Meere zu vergleichen, und wie dieser auch bei all jenen beliebt, die Angst vor Gräten haben. Der Waller ist an seinen langen Barthaaren neben dem breiten Maul leicht zu erkennen und auch mit dem afrikanischen Wels verwandt, der häufig ebenfalls unter der Bezeichnung Waller angeboten wird, dessen rosa Fleisch aber nicht die Qualität (und auch nicht den Preis) des weißfleischigen Donauwallers erreicht.

Mit dem Waller verwandt ist die Aalrutte, Trüsche oder Aalquappe, eine Art „Süßwasserdorsch", der allerdings heute als Rarität gilt und nur noch selten gefangen bzw. gegessen wird, obwohl er, nicht zuletzt wegen seiner Leber, als Delikatesse gilt.

Hechte oder Esociden: Die Ritter des Süßwassers

Der **Hecht** *(Esox lucius)* zählt zur Gattung der Knochenfische und ist ein Raubfisch mit verlängerten Kiefern, spitzen Hundszähnen und weit nach hinten verlängerter Rücken- und Afterflosse. Sein Körper ist torpedoförmig und dunkel marmoriert.

Der bis zu 7 kg schwere Schrecken aller Karpfen und anderer See- und Teichbewohner wurde von den Appetit-Enzyklopädisten Habs und Rosner nicht zufällig zum „Nobelfisch" geadelt und als „der geborene Herr Von und privilegierte Ritter von der Landstraße" bezeichnet. Besonders in Exemplaren, die weniger als ein Kilo wiegen war der Hecht einer der Lieblingsfische der altösterreichischen Köchinnen, die ihn gerne mit Sardellen spickten oder (ebenso wie den wesentlich fetteren Aal) in Dillsauce servierten. Als besondere Delikatesse galt (und gilt unter Feinspitzen immer noch) die Hechtleber. Heute wird der Hecht allerdings, nicht zuletzt wegen seines Grävtenreichtums,

Hecht

nur noch selten im Ganzen serviert, dient jedoch wegen seines Wohlgeschmacks vor allem für Fischfarcen und –füllungen. Sein festes, weißes Fleisch eignet sich jedoch auch bestens zum Pochieren. In gegartem Zustand lassen sich die Gräten ganz leicht entfernen – und man erhält auf diese Weise kleine, wirklich saftige Fischstückchen, die sowohl mariniert als Vorspeise, aber auch als Tüpfelchen auf dem i eines guten Gemüsesalats vorzüglich schmecken.

Auf unseren Tafeln hat der Hecht vor allem in Form von Hechtnockerln überlebt, für die es vielerlei – leichtere und opulentere – Rezepte gibt, denen freilich eines gemeinsam ist: nämlich die dazu servierte Rieslingsauce, die durchaus auch eine Veltlinersauce sein kann.

Denn eine Weisheit hat sich, so sehr sich die Küchenmoden gerade bei der Zubereitung von Süßwasserfischen gewandelt haben mögen, bis heute bewahrheitet: Fisch muss, gerade zu festlichen Anlässen, schwimmen. Und zwar – so man nicht gerade einen Bierkarpfen am Teller hat – am besten in Weißwein. Gleichgültig, ob dieser nun im Glase oder in der Sauce ist. Oder am besten in beidem.

Weißfische oder Cypriden: Die Sardinen des Süßwassers

Sie zählen nicht zu den edelsten unter den Süßwasserfischen, können aber, vor allem in Fischeintöpfen, sehr schmackhaft sein. Zu den Weißfischen zählen u. a. **Döbel** oder **Aitel**, **Barben**, **Flussbarben, Nasen, Rapfen** oder **Schiede, Karauschen, Giebel** oder **Silberkarauschen, Rotaugen** oder **Plötze, Rotfedern, Bleie** oder **Brachsen** und **Lauben.**

Aal: Der Anti-Diätfisch

Wer will schon bestreiten, dass ein richtig zubereiteter oder marinierter Aal nicht eine wahre Köstlichkeit sein kann. Der Wanderfisch mit seinem konsistenten, geschmacksintensiven Fleisch mundet übrigens am besten, wenn er sich (in den Sommermonaten) auf dem Weg ins Meer befindet. Winteraale

Aal

schmecken oft tranig. Bekannt geworden sind auch Binnenaale wie etwa der Neusiedlersee-Aal, der sich allerdings bei Fischern wegen seiner Zanderfeindlichkeit ebenso wenig beliebt gemacht hat wie bei Ernährungsmedizinern wegen seines Kalorienreichtums – und daher mittlerweile nicht mehr eingesetzt wird. Beim Ausnehmen des Aals ist übrigens Vorsicht geboten. Sein Blut ist giftig!

Edelkrebse: Die kleinen Hummer der süßen Wasser

Fast sah es schon so aus, als würden uns die Fluss-, See- und Bachkrebse, zu Kaisers Zeiten noch eine Art Volksnahrungsmittel, das man von Suppen bis zum Kuchenbacken vielseitig einsetzte, im Zuge der zu Beginn des 20. Jahrhunderts einsetzenden Krebsenpest vollständig abhanden kommen. Heute sind sie auf den Speisekarten guter Restaurants allerdings wieder recht präsent geworden. Meist handelt es sich dabei um importierte Signalkrebse mit weißbläulichen Gelenken. Es finden sich jedoch auch immer mehr kleine Züchter, die sich den heimischen Flusskrebsen (mit roten Gelenken) widmen. Mitunter findet man in freier Wildbahn auch noch die kleinen Stein- oder Bachkrebse, die aber aufgrund der Krebsenpest nahezu vom Aussterben bedroht sind.

Raritäten: Ein Stör hat's heutzutage schwer

In früheren Zeiten waren Störe in österreichischen Flüssen gern gesehene Gäste, die – übrigens ebenso wie die „aufsteigenden" Lachse – mit dem zunehmenden Aufkommen von Wasserkraftwerken allmählich verschwanden. Im Wien der Donaumonarchie wurden aber immer noch bis zu 1.000 kg schwere Hausen gesichtet, eine Stör-Art, der Feinschmecker heute noch die berühmte „Hausenblase", ein früher sehr beliebtes Geliermittel, entnehmen. Als geschmacklich bester Stör gilt der Sibirische oder Schwarzstör, und beim Fischhändler findet man zuweilen auch den kleinen, schmackhaften Sterlet.

Tipps aus der Profiküche

Süsswasserfische richtig einkaufen, lagern sowie vor- und zubereiten

Was Sie beim Einkauf unbedingt beachten sollten

Da der richtige Fischeinkauf schon der halbe Fischgenuss ist, sollte man sich stets an gewisse Grundregeln halten:

- Achten Sie beim Einkauf in erster Linie auf den Geruch. Merke: Fisch darf niemals „fischeln".
- Achten Sie auch beim Einkauf von Fischfilets auf absolute Geruchsneutralität, Feuchtigkeit sowie einen leicht silbrigen Glanz an der Filetinnenseite.
- Machen Sie den Geruchstest möglichst nicht, wenn der Fisch eiskalt ist oder frisch aus dem Eis kommt. Das kann manches vertuschen.
- Räucherfische dürfen zwar nach Rauch, nicht aber nach Fisch riechen. Die Haut sollte auf keinen Fall schmierig sein, und auch trockene Ränder oder graue Flecken sind kein gutes Zeichen.
- Achten Sie darauf, wie Ihr Fischhändler die Ware lagert. Eine Vitrine mit viel Eis ist in jedem Fall ein gutes Zeichen. Ein guter Händler filetiert und entschuppt Ihren Fisch auch, und Sie ersparen sich lästige, schmutzige Arbeit.
- Bereiten Sie den eingekauften Fisch möglichst noch am selben Tag zu. Wenn das nicht möglich sein sollte, so lagern Sie ihn mit Folie bedeckt auf einem Bett aus Crushed Ice oder Eiswürfeln bei 1–3 °C in einer Schale, die nicht aus Kunststoff sein sollte.

So erkennen Sie, ob Fisch wirklich frisch ist

AUGEN: Müssen feucht, prall und glasklar sein, die Pupillen prall und nach außen gewölbt. Fischaugen dürfen niemals eingefallen oder trüb sein.

FLEISCH: Um festzustellen, ob es wirklich elastisch und fest ist, machen Sie die Fingerdruckprobe. Bleibt im Fisch nach dem Eindrücken eine sichtbare Delle zurück, kaufen Sie ihn bitte nicht!

KIEMEN: Sie müssen leuchtend hellrot sein. Die einzelnen Kiemenblättchen sollten klar und deutlich erkennbar, nicht verklebt, verschleimt, hellgelb oder gar braun sein.

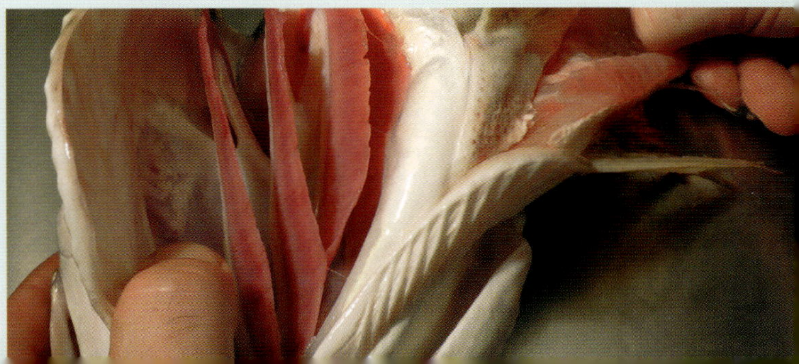

HAUT: Sie muss sowohl weich als auch feucht sein und natürliche Farbe sowie seidigen Glanz aufweisen. Der dünne Schleimfilm auf der Haut sollte intakt erhalten und durchsichtig sein (keine schmierige Schleimschicht, keine graue oder gelbe Färbung).

FLOSSEN: Sie dürfen niemals verklebt und trocken sein. Beschädigte Flossen lassen auf unsachgemäßen Fang oder lange Transportwege schließen. Also darauf achten, dass sie gut erhalten und sauber glänzend sind!

BAUCHHÖHLE: Sie muss sauber ausgenommen und völlig geruchlos sein. Falls es überhaupt Blutreste gibt, so müssen diese leuchtend rot glänzen, denn bei dunklen, bereits angetrockneten Blutresten ist der Fisch schon alt.

Lagerung und Kühlung

- Befördern Sie den Fisch nach dem Einkauf auf schnellstem Weg nach Hause in den Kühlschrank. (Liegen längere Wegstrecken dazwischen, bitten Sie ihren Fischhändler, den Fisch mit etwas Crushed Ice einzupacken.)
- Decken Sie den Fisch vor dem Einkühlen am besten mit einem feuchten Tuch zu. Vorsicht: Frischfisch kann im Kühlschrank bei 1–4 °C maximal 48 Stunden bei gleichbleibender Qualität gelagert werden. Frischhaltefolie verhindert, dass andere Lebensmittel im Kühlschrank „aromatisiert" werden. Aufbewahrung in Plastiksäcken beschleunigt jedoch den Verderb.
- Lagern Sie ganze Fische idealerweise in Crushed Ice auf einem Gitter-Einsatz im Kühlschrank, so dass das Tauwasser abfließen kann.
- Die Crushed-Ice-Methode eignet sich auch für Filets. Allerdings sollte man dieselben vor allzu starker Auslaugung durch schmelzendes Eis schützen, indem man sie zwischen Alufolie legt.
- Spülen Sie ganze Fische immer mit reichlich kaltem Wasser gründlich ab. (Einzige Ausnahme ist ein Fisch, den Sie „blau" zubereiten möchten, wozu Sie eine intakte Schleimschicht benötigen. Idealerweise sollte so ein Fisch aber gar nicht zwischengelagert werden.)
- Das Abspülen ist auch bei Filets sinnvoll, sollte aber kürzer dauern und mit entsprechender Vorsicht bewerkstelligt werden (einfach „gut durchspülen" macht das Filet nur ausgelaugt und labbrig.)

Der wichtigste Lagertipp: Fisch muss möglichst frisch sein! Das Ergebnis eines jeden Gerichtes hängt linear von der Frische ab! Schon innerhalb der ersten 24 Stunden verliert ein Fisch mindestens ein Drittel seiner Qualität und seines Geschmacks.

Tiefkühlen

- Frieren Sie grundsätzlich nur fangfrischen, ausgenommenen und (nach dem Töten 8–10 Stunden entspannten und daher nicht mehr in der Totenstarre befindlichen) Fisch ein.
- Frieren Sie Fischfilets immer einzeln vor und bewahren Sie diese erst dann, entsprechend verpackt, in der Tiefkühltruhe auf.
- Achten Sie darauf, dass der zum Tiefkühlen bestimmte Fisch stets sehr gut verpackt ist. Ideal ist eine unter wenig Druck hergestellte Vakuumverpackung. Wenn Sie über keine Vakuumiermaschine verfügen, so gilt die Regel: Filets bzw. ganze Fische nach dem Anfrieren öfters in kaltes Wasser tauchen und dann erneut frieren (glasieren) lassen. Eine Methode, die zwar aufwändig, aber effizient ist.
- Beachten Sie, dass fettere Fische (Aal, Karpfen etc.) wesentlich schlechter gefriergeeignet sind als magere.
- Auch in tiefgefrorenem Zustand sollten Sie Fisch keinesfalls länger als vier Monate lagern.
- Halten Sie sich an die bewährte Grundregel: Einfrieren so schnell wie möglich und Auftauen so langsam wie möglich! Die sich am Fischfleisch bildenden Eiskristalle bleiben so kleiner und zerstören weniger Zellen. Ergo: der Fisch bleibt saftiger und lässt in der Pfanne weniger Wasser. (Diese Grundregel gilt übrigens auch für Fleisch, Gemüse etc.)

ZUM AUFTAUEN SELBST BIETEN SICH ZWEI MÖGLICHKEITEN:

1 | Die schnellere Art, den Fisch ausgepackt in kaltem, leicht fließendem Wasser aufzutauen, sollte wirklich nur in kulinarischen Notfällen angewandt werden.
2 | Wesentlich besser und schonender ist es, die Fische im Kühlschrank in der Verpackung langsam auftauen zu lassen, am besten auf einem Gitter, damit das Auftauwasser gut abtropfen kann.

Fischverwertung

Süßwasserfisch ist, da er zu nahezu 100% verwertet werden kann, auch ein ökologisch besonders wertvolles Lebensmittel.

Nach dem Filetieren oder Garen können die **Karkassen** (Kopf, Gräten, Flossen und eventuell Innereien) für Suppe und Fonds ausgekocht werden. (Kalt zustellen und nach dem Aufkochen nur ca. 30–40 Minuten leicht köcheln lassen.)

Auch **Fisch-Innereien** sollte man keineswegs entsorgen, sondern für Gerichte wie Fischbeuschelsuppe, Fischgröstl oder für Farcen von Fischstrudeln verwenden. Manche Innereien (z. B. Alpenlachsleber) stellen auch für sich genommen eine echte Delikatesse dar.

Die drei großen „S"

Die alte Großmutterregel „Säubern, Säuern, Salzen" gilt auch heute noch.

Unter **Säubern** versteht man das fachgerechte Ausnehmen und Vorbereiten des Fisches.

Das **Säuern** wird am besten mit Zitronensaft durchgeführt und bewahrt (vor allem bei längerer Lagerung) weiße Farbe, Eigengeschmack und sauberen Geruch. Dabei gilt die Faustregel: Je weicher das Fleisch und je stärker der Eigengeschmack eines Fisches ist, desto länger sollte man ihn in Zitronensaft ziehen lassen, allerdings keinesfalls länger als zwanzig Minuten.

Beim **Salzen** (kurz vor der Weiterverarbeitung) gilt folgender Grundsatz: Je wässriger das Fleisch, desto mehr Salz braucht es. Festes Fleisch braucht indessen kaum gesalzen zu werden. Fische, die „blau" gegart werden, salzt man überhaupt nicht.

Fischvorbereitung

- Ganze Fische sollten immer sorgfältig **geschuppt** werden. Im Fachhandel gibt es dafür sehr praktische Fisch-Entschupper. (s. auch Abb. S. 37) Es reicht aber auch ein stumpfes Messer, das von der Schwanzflosse in Richtung Kopf geführt wird.
- Öffnen Sie den Fischbauch nach dem Entschuppen mit einem eher flachen Messerschnitt von der Afteröffnung in Richtung Kopf und achten Sie dabei darauf, die Galle nicht zu verletzen (ausfließende Gallenflüssigkeit macht den Fisch bitter und fast ungenießbar.) Spülen Sie die Fische nach dem Ausnehmen vorsichtig mit klarem Wasser ab.
- Vergönnen Sie Ihren Süßwasserfischen nach dem Töten und vor dem Zubereiten je nach Größe etwa acht bis zehn Stunden Zeit zum Entspannen. Die Totenstarre ist dann vorbei und das Fleisch schmeckt wesentlich zarter.

Verarbeitung

Für die Verarbeitung gibt es im Wesentlichen folgende Möglichkeiten:

- Fische **im Ganzen** zubereiten (Braten, Pochieren etc.)
- Fische im Ganzen zubereiten und vorher **durch Einschnitte ziselieren**
- Fische in **Koteletts** bzw. **Hufeisensteaks** portionieren
- Fische in **Filets** portionieren

Das Filetieren von Fischen

1 | Mit einem sehr scharfen Messer hinter dem Kopf und der ersten Brustflosse schräg einschneiden …

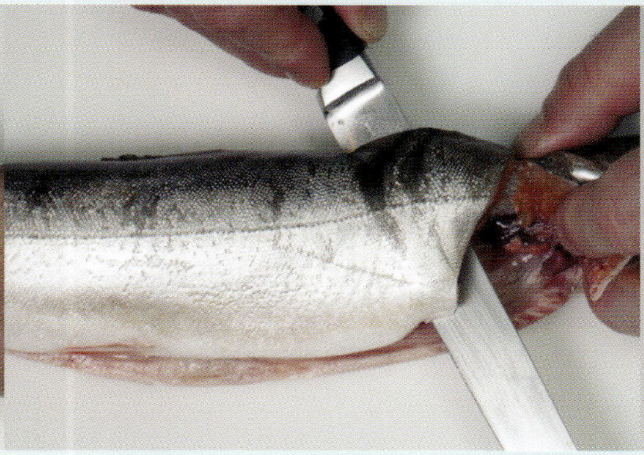

2 | Messer drehen …

3 | Das Messer parallel zur Mittelgräte mit klarem Zug durch den Fisch ziehen …

4 | Nun die bauchseitigen Gräten abschneiden …

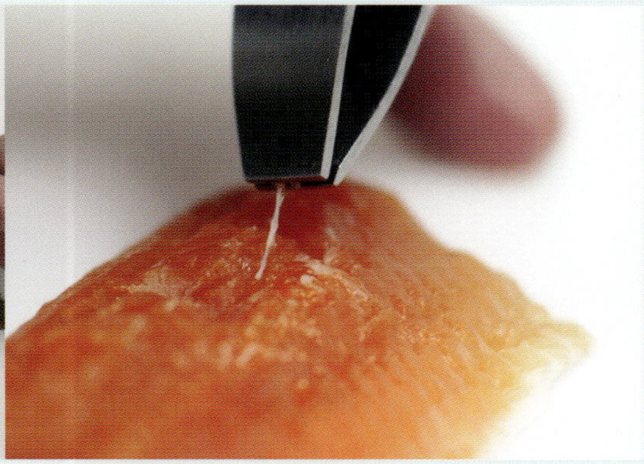

5 | Bei größeren Fischen lohnt es sich, die Gräten vorher zu zupfen …

6 | Jetzt kann das fertige Filet entsprechend portioniert werden.

- **Schuppen:** Brett schräg in ein Waschbecken legen und den Fisch an der Schwanzflosse mit einem Tuch halten. Vom Schwanzende in Richtung Kopf mit leicht schräg gestelltem Messer unter einem sanften Wasserstrahl schuppen. Das Wasser verhindert, dass die Schuppen wie wild durch die Gegend fliegen …

Das Schröpfen von Fischfilets

Das Schröpfen dient vor allem der Lösung von Grätenproblemen. Es erfolgt bei ganzen Fischen durch regelmäßige Einschnitte in die Haut bis an die Gräte, bei Filets wiederum durch Einschnitte im Abstand von ca. 3–4 mm in das Filet bis an die Haut. Dadurch werden die Gräten gekürzt und in weiterer Folge durch die Zugabe von Zitrone und durch die Hitzeeinwirkung bei der Garung weich. Bei richtigem Schröpfen sind die Gräten beim Fischgenuss dann kaum noch spürbar.

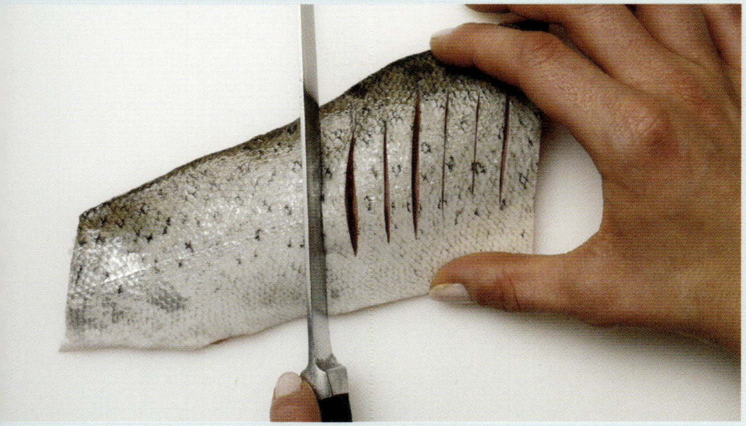

Dicke Filets, die zum Braten vorbereitet und portioniert werden, zu schröpfen, bringt auch kochtechnische Vorteile. Wenn das Schröpfen an den verdickten Stellen des Filets (natürlich von der Hautseite her) erfolgt, kann das Stück gleichmäßiger garen, und die dünneren Teile in Richtung Bauchlappen werden nicht trocken. Der angenehme Nebeneffekt dabei: Das Filet sieht auch noch dekorativer aus!

Grundzubereitungsarten von Fischen

Fischrezepte gibt es wie Sand am Meer, und sie ändern sich je nach Mode und Zeitgeist. Die Grundtechniken, wie man Fische zubereitet, bleiben jedoch stets die gleichen.

Grundsätzlich sollte man bei Fischen jedoch von eher kürzen Garzeiten als beispielsweise bei Fleisch ausgehen (und bei Unsicherheit eventuell eine Probegarung vornehmen.) Wenn man Filets zubereitet, ist es ratsam, Saucen und Beilagen vorzubreiten, bevor man sich daran macht, den Fisch zu garen.

Pochieren

Eine der einfachsten, schmackhaftesten und vor allem gesündesten Formen der Fischküche ist das Pochieren. Es ist für ganze Fische mit Haut ideal geeignet und eine der schonendsten sowie aus ernährungstechnischer Sicht perfektesten Garmethoden. Und weil es dabei gar so flott hergeht, ist es auch aus der modernen Küche einfach nicht mehr wegzudenken, zumal man ja nicht nur ganze Fische, sondern auch Filets oder Portionsstückchen (z. B. für Pot au feu oder Fischsuppe) bequem pochieren kann.

Man benötigt dazu einen Sud, der in der französischen Küche „Court-Bouillon" genannt wird und aus Wasser, Essig oder Weißwein, Salz und Pfefferkörnern sowie nach Geschmack auch aus etwas Wurzelwerk, Zwiebel und Lorbeerblatt hergestellt wird. Man

lässt den Sud (am besten in einem ovalen Fischtopf) zunächst zehn Minuten kochen, damit er schön aromatisch wird und lässt den Fisch dann knapp unter dem Siedepunkt langsam gar ziehen.

Dämpfen

Ähnliche Ergebnisse wie mit dem Pochieren lassen sich auch mit dem Garen im Siebeinsatz des Dämpftopfes erzielen, das vor allem für festfleischige Fische und Fischfilets ohne Haut zu empfehlen ist. Diese werden auf einem Gitter aus Bambus oder Edelstahl über gut gewürztem bzw. aromatisch duftendem Kräuter-Fischfond gegart.

Dünsten

Ob Forellen, Saiblinge, Karpfen oder Zander: Man legt den Fisch einfach auf ein Gemüsebett aus in Julienne (feine Streifen) geschnittenem Wurzelgemüse, übergießt ihn mit wenig Weißwein oder Fischfond und gart ihn zugedeckt im Rohr oder auf kleiner Flamme.

Schmoren

Feste und deftigere Fische wie Aal, Hecht, Karpfen oder Zander werden – im Ganzen oder in dicke Tranchen geschnitten – zuerst angebraten und dann unter Zugabe von gekochtem Gemüse oder Zwiebeln mit etwas Fischfond und Wein zugedeckt geschmort.

Aus dem Backofen

Ganze Fische werden (nach eventuellem Schröpfen) mit der Bauchhöhle nach unten über eine Kaffeetasse gestülpt und gewissermaßen „stehend“ gebraten. Große Filetstücke kann man mit diversen Gemüsen auch in Pergament, Bratfolie oder Alufolie einschlagen (Vorsicht: Alufolie ist extrem säureempfindlich!), oder aber auch in Blätter- bzw. Strudelteig einwickeln und dann backen.

Aus der Pfanne

Beim Braten von Fischen empfiehlt es sich, zunächst die Haut einzuschneiden, damit der Fisch die Form behält. Bevor der Fisch in eine möglichst ovale Bratpfanne (am besten eignet sich eine mit Anti-Haft-Beschichtung) kommt, wird er gewürzt und eventuell kurz in Mehl gewälzt, damit sich die Haut nicht anlegt und knusprig wird. Werden keine ganzen Fische, sondern nur Filets gebraten, so wird der Fisch zunächst kurz an der Unterseite angebraten, bevor man ihn auf der Hautseite langsam fertig brät, bis diese schön cross ist.

TIPP Verwenden Sie zum Braten immer Butterschmalz oder einfaches Olivenöl. Hochwertige Öle entwickeln einen unangenehmen Geschmack und sogar gesundheitsschädliche Inhaltsstoffe bei zu großer Hitze.

Backen (Frittieren)

Das Herausbacken von klassisch in Mehl, versprudeltem Ei und Bröseln paniertem Fisch ist eine in Österreich äußerst beliebte und traditionsreiche Methode der Fischzubereitung, die aus ernährungsphysiologischer Sicht allerdings nicht unbedenklich

STANDARD-BRATZEITEN:

- **Ganze Forelle von ca. 250 g:**
  ca. 8 Minuten anbraten, wenden und noch ca. 4–5 Minuten fertig garen.
- **Zanderfilet von Daumendicke:**
  ca. 4–5 Minuten anbraten, wenden und noch ca. 3–4 Minuten fertig garen.
- **Ganze Fische von ca. 5 cm Dicke:**
  13–18 Minuten
- **Ganze Fische von ca. 7 cm Dicke:**
  25–35 Minuten
- **Ganze Fische von ca. 10 cm Dicke:**
  50–70 Minuten

Grundsätzlich gilt: Magere Fische brauchen kürzere Garungszeiten als fettere.

ist, weil sie viele gesundheitliche Vorzüge und vor allem die Kalorienarmut der Süßwasserfische wieder zunichte macht.

Herzhaft und schmackhaft kann ein richtig zubereiteter Backfisch freilich dennoch sein, wenn man folgende Tipps beachtet:

- Verwenden Sie zum Frittieren nur hitzebeständige Öle oder Fette (z. B. Sonnenblumen- oder Rapsöl, aber niemals kalt gepresste Öle).
- Achten Sie darauf, dass die Temperatur des Backfetts je nach Größe der Fische ca. 130 – 180 °C beträgt.
- Frittieren Sie nie zu viele Fische auf einmal, da sonst das Öl kalt und die Panier labbrig wird.
- Abseits der klassischen Panier kann man kleinere Fische oder Filets zuerst auch in etwas gesalzene Milch einlegen und dann mit griffigem Mehl, unter das man für Farbe und Geschmack auch etwas Rosenpaprikapulver mischt, wälzen. Nachdem man das überschüssige Mehl abgeschüttelt hat, lässt sich der Fisch dann wie oben geschildert in heißem Öl frittieren.
- Auch Backteige (Wein- oder Bierteig) sind – vor allem bei festfleischigen Fischen wie Karpfen oder Zander – sehr gut frittiergeeignet. Der Backteig sollte nicht zu dünnflüssig sein, und die Fischstücke müssen, was für Backfische ganz allgemein gilt, vor dem Servieren gründlich mit Küchenkrepp trockengetupft werden, damit kein überschüssiges Fett daran haften bleibt.

Grillen

- Das Garen über Holzkohlenfeuer ist die älteste und archaischste Garungsmethode, an der sich seit Jahrtausenden nicht viel geändert hat, außer dass es heute auch elektrische Grillschlangen gibt, mit denen sich ähnliche (aber aromatisch niemals dieselben) Resultate erzielen lassen.
- Beim Grillen ganzer Fische über Holzkohle ist darauf zu achten, dass größere Fische höher über der Glut sein müssen als kleinere. Bei großen Fischen tiefe Einschnitte in die Haut machen, damit sie an den dicken Stellen rasch durchgaren können.
- Als Schutz vor zu großer Hitze kann der Fisch mit Kräutern in Alufolie gewickelt und auf dem Rost gegart werden, was ein Verbrennen der Haut verhindert.
- Für zartfleischige Fische bewähren sich spezielle Grillkörbe, in denen der Fisch ähnlich wie in der Pfanne gewendet und fertig gegart wird.
- Vor dem Grillen sollten die Fische mit Öl mariniert bzw. eingepinselt werden. Kleine Fische können zum Schutz vor dem Austrocknen in ein gewäs-

sertes Schweinsnetz, eventuell mit gehackten Kräutern, gerollt werden. Und noch ein Tipp: Fische, die gegrillt werden, braucht man nicht zu schuppen. Denn die Schuppen sind bei den meisten Süßwasserfischen ohnehin eher klein, und die Haut mit den Schuppen wird beim Grillen so richtig „crunchy". Außerdem klebt der Fisch dadurch nicht an den heißen Stäben des Rostes fest.

- Kleinere Süßwasserfische können nicht nur über Holzkohle, sondern auch auf Stein (z. B. Schiefer oder Granit) sehr gut gegrillt werden. In diesem Fall ist es besonders lohnend, die Bauchhöhle der Fische mit Kräutern und etwas Butter zu füllen. Die Einstiegshitze sollte in etwa so hoch wie in der Pfanne gehalten werden. Durch die allmähliche Abkühlung ist diese Garungsmethode sanfter und schonender.

Garen unter der Salzkruste

Mit der Entdeckung der mediterranen Küche ist auch die Technik des Garens in der Salzkruste populär geworden, die üblicherweise nur für Meeresfische angewandt wird. Ersetzt man das Meersalz jedoch durch Steinsalz (z. B. aus dem Salzkammergut), so lassen sich mit dieser Methode auch bei Süßwasserfischen wie Zander, Barsch oder Hecht ganz ausgezeichnete Erfolge erzielen.

Man setzt den vorgewürzten Fisch zu diesem Zweck einfach auf ein mit Backpapier oder Alufolie ausgelegtes Blech, bestreicht ihn rundum mit einer Mischung aus 1 kg grobem Meersalz und 3 Eiklar und bäckt ihn, je nach Größe, eine Viertel- bis eine halbe Stunde bei 180 °C im Backrohr, wo man ihn danach bei geöffneter Tür noch ein wenig nachziehen lässt.

sud abreiben. Danach braucht's nur noch eine gute, wohlduftende Seife.

Roh oder roh mariniert

Weiß man sich im Besitz von wirklich fangfrischer Ware, so kann man bei feinfleischigen Fischen wie Forelle, Lachsforelle, Waller oder Zander das Fleisch auch roh servieren. Drei Möglichkeiten bieten sich dafür an, die freilich ihren Ursprung nicht in Österreich haben:

1 | Die von Arrigo Cipriani erfundene Methode des Carpaccios (Fischfilets mit einem scharfen Messer möglichst fein aufschneiden und roh mit feinen Ölen, Essig, Salaten, Gewürzen, Pasten etc. servieren).

2 | Die aus Japan stammende Sashimi-Methode (rohes Fischfilet in gleichmäßige Streifen schneiden und mit Sojasauce, Wasabikren, eingelegtem Ingwer und Rettich servieren).

3 | Die bei uns gebräuchlichste Methode, Fisch roh zu servieren, geht auf den nordischen Gravad Lax zurück und setzt ein mindestens 24-stündiges **Beizen (roh Marinieren)** in einer Marinade aus Steinsalz, Senfkörnern, Dille oder Fenchelgrün und Kristallzucker voraus, die dem Fisch Flüssigkeit entzieht. Um den Fisch ständig mit Marinade bedeckt zu halten, beschweren Sie ihn mit einem Küchenbrett oder Stein und wenden ihn während des Marinierens mehrmals.

Räuchern

Fische selber zu räuchern, ist längst nicht so schwer, wie es klingen mag. Man benötigt dafür weder eine Rauchkuchl noch eine Selch, sondern lediglich etwas Räuchermehl aus der nächsten Fischhandlung sowie einen ausgedienten großen Topf mit Rost oder Dämpfeinsatz.

Die 8–10 Stunden mit einer Salzlösung (100 g Salz pro Liter) und Gewürzen (Zwiebel, Knoblauch, Essig, Zitronenscheiben und Majoran aufgemixt) vormarinierten Fische werden bei verschlossenem Deckel je nach Größe 30–120 Minuten geräuchert – und schon sind sie servierbereit. Dass man sich, gleich welche Garungstechnik man wählt, bei der Zubereitung von Fischen die Hände „schmutzig" macht, lässt sich leider kaum vermeiden. Es ist allerdings ganz leicht, den Fischgeruch nach dem Kochen wieder loszuwerden: Einfach die Hände mit Zitronensaft und Kaffee-

Fischgewürze

Die klassische Schule der Süßwasserfisch-Zubereitung ist recht puristisch und daher der Meinung, dass Salz und eventuell etwas Zitrone, verstärkt durch frisch gemahlenen Pfeffer, Wacholderbeeren und Kümmel sowie (bei pannonisch-mitteleuropäischen Zubereitungen) allenfalls etwas Paprika und Senf völlig ausreichen.

Mittlerweile ist man in Aromadingen allerdings wesentlich weiter, man könnte auch sagen „rund um die ganze Welt" gegangen. In der Fischküche des Deuring-Schlössle wird beispielsweise Salz gerne durch das feinere Fleur de Sel ersetzt, und man experimentiert mit verschiedenen Pfefferarten. Hervorragend eignen sich auch:

- Cayennepfeffer
- Five Spice (chinesisches Fünf-Gewürze-Pulver aus Sternanis, Zimtrinde, Szechuan-Pfeffer, Fenchelsamen und Nelken)
- Zitronenpfeffer
- diverse Currymischungen (Madras oder Bombay Curry etc.)
- Fenchel-, Senf- und Korianderkörner

Für Fischliebhaber ist es auch immer wieder lohnend, eigenständige Mischungen aus verschiedenen Gewürzen herzustellen (siehe Rezeptteil).

Grundsätzlich gilt beim Würzen von Fisch (wie auch ganz allgemein): Je schärfer die Gewürze (z. B. Chili, Paprika, Cayenne, Currys etc.) sind, desto weniger Salz benötigen Sie. Das Gericht bekommt dadurch mehr Dynamik und Pfiff – gleichzeitig wird es aber auch gesünder und senkt den Blutdruck.

Kräuter

Was für Gewürze gilt, stimmt vielleicht in noch verstärktem Maße für Kräuter, wobei es für den Kräutergebrauch kaum Faustregeln gibt. Im Deuring-

Schlössle verwendet man für Fische und (fast noch wichtiger) für feine Fischsaucen folgende Kräuter – alles möglichst frisch gepflückt und geschnitten.

Bärlauch	Basilikum
Brennesselblätter	Dille
Estragon	Kerbel
Kresse	Liebstöckel
Lorbeer	Majoran
Petersilie	Rosmarin
Salbei	Sauerampfer
Schnittlauch	Thymian

Gemüse

Fisch und Gemüse scheinen füreinander geradezu geschaffen zu sein. Sie harmonieren nicht nur, was ihre leichte Verdaulichkeit, sondern auch was ihre zarte Aromatik und ihren Geschmack betrifft. Es lassen sich daher, je nach Kreativität und persönlichen Geschmacksvorlieben, nahezu alle Gemüse mit allen Fischen kombinieren. Bei intensiven Gemüsen (Knoblauch, Zwiebel, Paprika, Pfefferoni) ist jedoch was die Mengen betrifft Vorsicht geboten. Da kann ein Zuviel an Gemüsegeschmack nämlich leicht dazu führen, dass der zarte Fischgeschmack daneben verblasst.

Ausgezeichnet als Süßwasserfischbeilagen geeignet sind vor allem:

Gelbe Rüben	Karfiol
Karotten	Kohlrabi
Kohlsprossen	Kürbis
Paprikaschoten	Tomaten
Pastinaken	Petersilwurzen
Pilze (z. B. Eierschwammerln, Steinpilze, Champignons u. a.)	
Porree	Rote Rüben
Sellerie	Spargel
Spinat, Mangold	Weißkohl
Zucchini	

Aromaten und Würzstoffe

Auch in dieser Hinsicht sind der Phantasie von Köchin und Koch keine Grenzen gesetzt, solange die Aromaten nicht zu sehr vorschmecken. Edle Weißwein-Essige sind zum Aromatisieren von Fischsaucen

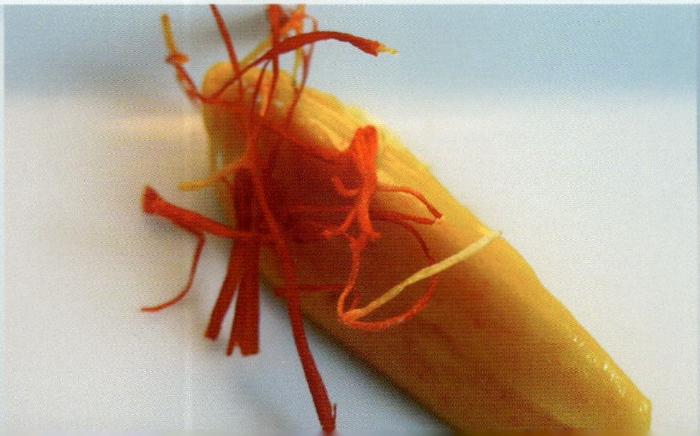

ebenso geeignet wie trockene Weißweine, Sekt oder Mostsekt, Wermut (vor allem Noilly Prat) und Kräuterliköre (z. B. Pernod).

Fischbeilagen

Die klassische Fischbeilage sind Kartoffeln, ob sie nun als Salzkartoffeln, Bratkartoffeln, Kartoffelsalat oder in welcher Metamorphose auch immer auf den Tisch kommen. Als Faustregel gilt jedoch: Je schärfer Kartoffeln angebraten (frittiert) sind, desto schwerer harmonieren sie mit dem feinen Fischfleisch.

Eine ausgezeichnete, weil sättigende und ernährungsphysiologisch sinnvolle Beilage ist auch Getreide aller Art, vor allem Vollkorngetreide: Ob Rollgerste, Buchweizen, Hirse (Cous-Cous), feine Nudeln (in Vorarlberg Nüdele genannt) – an Auswahl- und Zubereitungsmöglichkeiten herrscht kein Mangel.

Besonders gut harmoniert Fisch auch mit Reis, und zwar keineswegs nur mit dem traditionellen „polierten" Lang-, Mittel- oder Rundkorn(=Risotto)reis, sondern etwa auch mit Camarguereis, rotem oder schwarzem Reis – und natürlich auch mit dem gesunden, mit dem Reiskorn aber nicht unmittelbar verwandten Wilden Reis.

Last but not least liebt Fisch auch frisches (helles) Brot – vor allem dann, wenn er in einer guten Sauce serviert wird, die penibel aufgetunkt sein möchte.

Gerätschaften für die Süsswasserfischküche

Zum Ausnehmen und Putzen reichen normale scharfe Messer. Beim Filetieren ist ein scharfes, kleines **Tourniermesser** zu empfehlen, mit dem man die Gräten vom Kopf zum Schwanz hin leichter „herausschneiden" kann. Ein langes, scharfes **Filetiermesser** kann ebenfalls gute Dienste leisten, aber auch durch ein gutes Küchenmesser mit scharfer Schneide ersetzt werden.

Nützlich, vor allem für größerschuppige Fische wie Karpfen und Schleie, ist ein *Entschupper* (Schuppenmesser). Kleinere Fische lassen sich auch entschuppen, indem man die Klinge eines nicht zu scharfen Messers (Einschnittgefahr!) möglichst unter fließendem Wasser gegen die Schuppen führt.

Geeignete längliche **Fischpfannen** bzw. Fischbräter sind ebenso von Vorteil wie ein Fischkochkessel mit herausnehmbarem Einsatz, auf dem man den Fisch auch über Dampf garen kann.

Spezialbestecke zum Fischessen kommen zunehmend aus der Mode. Klassisch isst man Fisch freilich immer noch mit speziellem Fischbesteck und Krebse mit Krebsenzange und Pike. Auch scharfe Aalmesser werden im Fachhandel angeboten.

Japanisches Filetier-
und Tranchiermesser
Grätenpinzette
Schuppenkratzer
Klassisches
Filetiermesser
mit biegsamer Klinge

Getränke zum Fisch

„Fisch muss schwimmen." So lautet das alte Sprichwort – und Feinschmecker sind sich darüber einig, dass er bei Tisch (noch) wesentlich lieber in Wein als in Wasser oder Mineralwasser schwimmt, die sich selbstverständlich auch als Fischbegleiter eignen.

Doch bevor wir auf die richtige Weinwahl zu den einzelnen Fischarten noch näher eingehen, zunächst ein paar „Sonderfälle":

- Räucherfische lieben Bier (vor allem Pils oder Weizenbier) noch mehr als Wein.
- Wenn Fisch in einer Mostsauce zubereitet wird, so sollte man auch Most dazu servieren.
- Grundsätzlich liebt es auch der Fisch, von jenem Wein begleitet zu werden, auf dem auch die Sauce aufgebaut ist. Das kann ruhig auch ein Rotwein sein, wenn beispielsweise Waller in Rotweinbutter serviert wird.
- Die alte Faustregel, dass zu Fisch als „weißem Fleisch" nur Weißwein getrunken werden darf, ist in den letzten Jahrzehnten wesentlich „liberalisiert" worden. Denn gerade zu kräftigeren, stärker gewürzten oder „gekräuterten" Fischgerichten lässt sich mit großem Genuss ein leichterer, aber eher kühl servierter Rotwein (Zweigelt, Vernatsch, Gamay), Rosé oder auch Schilcher bzw. Uhudler trinken.

- Je kräftiger die Sauce zu einem Fisch ist, desto gehaltvoller (eventuell auch mit Barriqueeinsatz) sollte auch der Wein sein.
- Gebratene oder gegrillte Fische harmonieren am besten mit leichten, erfrischenden Weißweinen (eventuell auch mit einem kühlen Pils oder einem spritzigen Glas Most oder Mostsekt).

Welcher Wein zu welchem Fisch?

Aal: Traminer, Veltliner-Spätlese
Äsche: Chardonnay, Sauvignon blanc
Barsch (Egli): Riesling, Veltliner
Flusskrebs: Gelber Muskateller, Riesling, Weißburgunder
Forelle: Riesling, Weißburgunder, Veltliner, Welschriesling
Hecht: Riesling, Veltliner, Sauvignon blanc
Karpfen: Müller-Thurgau, weiße Spätlesen, Traminer
Lachsforelle (Seeforelle): Riesling, Veltliner, Chardonnay
Reinanke (Felchen): Riesling, Veltliner, Welschriesling
Schleie: Weißburgunder, Chardonnay
Wels: Riesling, Veltliner, Chardonnay
Zander (Fogas, Schill): Riesling, Chardonnay

Fisch

küche

FONDS & SAUCEN

Basilikumpesto

ZUTATEN:
200 ml natives Olivenöl
1 Bd Basilikum
1 Knoblauchzehe
50 g Pinienkerne
30 g geriebener Parmesan
etwas Salz

Basilikum hacken, mit Knoblauch, gerösteten Pinienkernen, geriebenem Parmesan und etwas Öl im Mörser fein zerreiben. Leicht salzen und mit dem restlichen Öl auf die gewünschte Konsistenz bringen.

TIPP Diese Prozedur funktioniert auch perfekt mit Bärlauch.

Chili-Minz-Ingweröl

ZUTATEN:
300 ml natives Olivenöl
1 EL gehackter Ingwer
3 gehackte, kleine rote Chilischoten
frische Minze nach Belieben

Ingwer, Chili und Minze mit wenig Öl zu einer feinen Paste verarbeiten. Am besten geht das auf einem Schneidbrett mit einem Wiegemesser, und zwar in einer Kombination von schneiden und zerdrücken. Dann mit dem restlichen Öl auf die gewünschte Intensität verdünnen.

Karottenöl

ZUTATEN:
500 ml Olivenöl
1 kg Karotten
4 cl Pernod

Karotten schälen, in Würfel schneiden und im Olivenöl langsam ca. 45 Minuten bei kleiner Hitze ziehen lassen. Dann Pernod dazugeben und nochmals ca. 10 Minuten dünsten, dann mixen. Dann alles zusammen in ein Tuch geben und das aromatisierte Öl abtropfen lassen.

Tomaten-Pesto

ZUTATEN:
300 ml natives Olivenöl
100 ml Tomatenöl
50 g getrocknete Tomaten

Die getrockneten Tomaten heiß abwaschen und trockentupfen. Über Nacht eingeweicht mit dem Olivenöl stehen lassen. Dann das Tomatenöl beigeben und aufmixen.
Tomatenkernöl ist orange und wird aus gerösteten

Tomatensamen gepresst. Es ist sehr fruchtig, und die Samen zählen zu den ernährungstechnisch wertvollsten Bestandteilen der Tomate.
Es kann auch durch ein neutrales Sonnenblumen- oder Distelöl ersetzt werden.

Vanille-Öl

ZUTATEN:
300 ml natives Olivenöl
2 Vanilleschoten

Vanilleschoten der Länge nach halbieren und das Mark mit Olivenöl vermischen.

Zitrus-Öl

ZUTATEN:
300 ml natives Olivenöl
2 unbehandelte Mandarinen, Zitronen, Limonen oder Orangen

Die Zesten der jeweiligen Zitrusfrüchte mit einem scharfen Messer hauchdünn abschälen. Auf keinen Fall sollte ein weißer Schalenanteil dranbleiben. Dann in feinste Streifchen schneiden und im Öl ziehen lassen. Versuchen Sie, unbehandelte Zitrusfrüchte zu bekommen und waschen Sie diese vorher sorgfältig heiß ab.

FONDS

Fischfond Grundrezept

ZUTATEN:
750 g Fischkarkassen
250 g Wurzelgemüse (Karotten, Lauch, Sellerie, Petersilienwurzeln, Fenchel)
200 ml Weißwein
1 Zitrone
4 cl Pernod
10 cl Noilly Prat (französischer Wermut)
Salz, Pfefferkörner, Lorbeerblatt, Fenchelsamen, Cayennepfeffer, Curry, einige Safranfäden
Kräuter nach Belieben (Petersilienstängel)

Alle Zutaten mit 2 Liter Wasser kalt am Herd aufsetzen. Möglichst rasch aufkochen lassen, es ist aber wichtig, den Moment zu erwischen, BEVOR der Fond richtig zu kochen beginnt. Dann auf kleine Hitze zurückgehen und langsam köcheln lassen. Ganz vom Herd nehmen und vor dem Passieren durch ein Tuch noch einmal ca. 30 Minuten stehen lassen. Dann können die zarten Aromen richtig aufgenommen werden, nicht umsonst heißt dieser Grundfond in Frankreich *fumet de poisson* (also so wie der Rauch, Duft). Ganz im Gegensatz zu einer kräftigen Rindssuppe, die durch längeres Kochen immer aromatischer wird, entwickeln sich beim Fischfond leicht tranige und unangenehme Töne, wenn dieser zu lange köchelt oder zieht. Um das Aroma zu intensivieren, kann der Fond NACH dem Abseihen reduziert – also eingekocht – werden.

Gemüsefond

ZUTATEN:

40 ml Olivenöl
80 g fein geschnittene Zwiebel oder Schalotten
250 g Wurzelgemüse (Karotte, Lauch, Sellerie, Petersilienwurzel, Fenchel)
1 Knoblauchzehe
100 ml Weißwein
Salz, Pfefferkörner, Lorbeerblatt, Fenchelsamen
Kräuter nach Belieben (Petersilienstängel)

Alle Zutaten mit 2 Liter Wasser kalt aufsetzen und ca. 1 Stunde köcheln lassen. Anschließend abseihen.

Kräuterfond

ZUTATEN:

500 ml Weißwein
1 Zitrone
Salz, Pfefferkörner, Lorbeerblatt, Fenchelsamen
1 Msp Galgant
1 Msp Bertrampulver
1 Msp Ysop

Kräuter nach Belieben (Kerbel, Dill, Estragon, Petersilie, Schnittlauch, aber auch Löwenzahn, Spitzwegerich etc.)

Alle Zutaten mit 2 Liter Wasser kalt am Herd aufsetzen und nur kurz köcheln lassen. Eignet sich vor allem zum Aufgießen von Suppen und Saucen, aber auch als Ersatz für Fischfond, falls keine Karkassen zur Hand sind.

Krebsenfond

ZUTATEN:
750 g Krebskarkassen (Schalen)
40 ml Olivenöl
50 g Butter
80 g fein geschnittene Zwiebeln oder Schalotten
250 g Wurzelgemüse (Karotte, Lauch, Sellerie, Petersilienwurzel, Fenchel)
1 Knoblauchzehe
50 g Tomatenmark
6 cl Weinbrand
100 ml Weißwein
1 Zitrone
4 cl Pernod
10 cl Noilly Prat (französischer Wermut)
Salz, Pfefferkörner, Lorbeerblatt, Fenchelsamen, Cayennepfeffer, Curry
einige Safranfäden
Kräuter nach Belieben (Petersilienstängel)

Krebskarkassen zerstoßen und im Ofen bei 150 °C langsam trocknen. In Butter und Olivenöl anrösten, bis sich das Öl rot färbt. Aber bitte darauf achten, dass nicht zu stark geröstet wird, da sonst der Fond bitter wird. Nun die Zwiebel und das geschnittene Gemüse beigeben und kurz weiterrösten. Tomatenmark dazugeben, ganz kurz durchrösten und mit Weinbrand, Noilly Prat, Pernod und Weißwein ablöschen. Ca. 1,5 l Wasser aufgießen und die Gewürze und Kräuter beigeben. Aufkochen lassen, abschäumen und ca. 30 Minuten ziehen lassen.

Weißwein-Essig-Sud

ZUTATEN:
250 g Wurzelgemüse (Karotte, Lauch, Sellerie, Petersilienwurzel, Fenchel)
500 ml Weißwein
50 ml Weißweinessig
1 Zitrone
Salz, Pfefferkörner, Lorbeerblatt, Fenchelsamen, Wacholderbeeren
Kräuter nach Belieben (Petersilienstängel)

Alle Zutaten mit 2 Liter Wasser kalt am Herd aufsetzen und nur kurz köcheln lassen. Eignet sich vor allem zum Pochieren von kräftig schmeckenden, eher fetteren Fischen wie Wels, Aal etc.

Weißweinsud

ZUTATEN:

250 g Wurzelgemüse (Karotte, Lauch, Sellerie, Petersilienwurzel, Fenchel)
500 ml Weißwein
1 Zitrone
Salz, Pfefferkörner, Lorbeerblatt, Fenchelsamen
Kräuter nach Belieben (Petersilienstängel)

Alle Zutaten mit 2 Liter Wasser kalt am Herd aufsetzen und nur kurz köcheln lassen. Eignet sich vor allem zum Pochieren von zart schmeckendem, magerem Fisch.

FONDS AROMATISIERT UND MONTIERT

Oliven-Knoblauchsauce

ZUTATEN:

200 ml Fischfond (s. S. 43)
80 ml Weißwein
10 ml Noilly Prat (französischer Wermut)
1 EL Olivenöl
60 g fein gehackte Schalotten
1 fein gehackte Knoblauchzehe
10 entsteinte schwarze Oliven
30 ml kaltgepresstes Olivenöl
2 EL geschnittener Schnittlauch

Schalotten in Olivenöl glasig anschwitzen, mit Weißwein und Noilly Prat ablöschen und fast vollständig einreduzieren lassen. Dann mit dem Fischfond auffüllen und wiederum zu 3/4 Teilen einreduzieren lassen. Gehackten Knoblauch und feinwürfelig geschnittene Oliven beigeben, das Olivenöl einrühren und mit frischem Schnittlauch verfeinern.

Orangen-Safranbutter

ZUTATEN:

200 ml Fischfond (s. S. 43)
80 ml Weißwein
10 ml Noilly Prat (französischer Wermut)
1 EL Olivenöl
60 g fein gehackte Schalotten
1 Orange
20 Safranfäden
30 g kalte Butter

Schalotten in Olivenöl glasig anschwitzen, mit Weißwein und Noilly Prat ablöschen und fast vollständig einreduzieren lassen. Dann mit dem Fischfond auffüllen und wiederum zu 3/4 Teilen einreduzieren lassen.
Die – am besten unbehandelte – Orange heiß abwaschen, mit einem scharfen Messer die Schale dünn abschälen und in ganz feine Streifen (Zesten) schneiden. Die Orange folgendermaßen filetieren: mit einem scharfen Messer die Schale knapp aber vollständig abschneiden und dann das Fruchtfleisch

zwischen den Häutchen mit einem sehr scharfen Messer herausschneiden. Die Zesten und die Filets zusammen mit dem Safran in die Reduktion geben. Kurz einköcheln lassen und dann mit kalten Butterflöckchen montieren (nach und nach einrühren, damit sich eine cremige Konsistenz und ein schöner Glanz ergibt). Wenn notwendig mit etwas Salz und Pfeffer würzen.

Senfkörner-Estragonbutter

ZUTATEN:
200 ml Fischfond (s. S. 43)
80 ml Weißwein
20 ml Noilly Prat (französischer Wermut)
1 EL Olivenöl
60 g fein gehackte Schalotten
30 g kalte Butter
30 ml Olivenöl
1 TL grober Senf (Champagnersenf)
1 TL frisch gehackter Estragon

Schalotten in Olivenöl glasig anschwitzen, mit Weißwein und Noilly Prat ablöschen und fast vollständig einreduzieren lassen. Dann mit dem Fischfond auffüllen und wiederum zu 3/4 Teilen einreduzieren lassen.
Den frisch gehackten Estragon und den Senf in die Reduktion geben. Kurz einköcheln lassen und dann mit kalten Butterflöckchen montieren (nach und nach einrühren, damit sich eine cremige Konsistenz und ein schöner Glanz ergibt). Für das Aroma geben Sie ganz am Schluss noch wenig von einem erstklassigen Olivenöl in die Sauce. Wenn notwendig mit etwas Salz und Pfeffer würzen.

Wiesenkräutersauce

ZUTATEN:
200 ml Fischfond (s. S. 43)
80 ml Weißwein
20 ml Noilly Prat (französischer Wermut)
1 EL Olivenöl
60 g fein gehackte Schalotten
40 g kalte Butter
30 ml Olivenöl
2 EL gehackte Wiesenkräuter
(Hier sind Ihrer Fantasie keine Grenzen gesetzt, mischen und hacken Sie, was der Garten hergibt.)

Schalotten in Olivenöl glasig anschwitzen, mit Weißwein und Noilly Prat ablöschen und fast vollständig einreduzieren lassen. Dann mit dem Fischfond auffüllen und wiederum zu 3/4 Teilen einreduzieren lassen.
Die gehackten Kräuter in die Reduktion geben. Kurz einköcheln lassen und dann mit kalten Butterflöckchen montieren (nach und nach einrühren, damit sich eine cremige Konsistenz und ein schöner Glanz

ergibt). Für das Aroma geben Sie ganz am Schluss noch wenig von einem erstklassigen Olivenöl in die Sauce. Wenn notwendig mit etwas Salz und Pfeffer würzen.

Zitronen-Kapernbutter

ZUTATEN:

200 ml Fischfond (s. S. 43)
40 ml Weißwein
30 ml Noilly Prat (französischer Wermut)
1 EL Olivenöl
60 g fein gehackte Schalotten
1 Zitrone
1 EL gehackte Kapern
30 g kalte Butter
1 TL gehackter Dill

Schalotten in Olivenöl glasig anschwitzen, mit Weißwein und Noilly Prat ablöschen und fast vollständig einreduzieren lassen. Dann mit dem Fischfond auffüllen und wiederum zu 3/4 Teilen einreduzieren lassen.

Die – am besten unbehandelte – Zitrone heiß abwaschen, mit einem scharfen Messer die Schale dünn abschälen und in ganz feine Streifen (Zesten) schneiden. Die Zitrone dann folgendermaßen filetieren: mit einem scharfen Messer die Schale knapp aber vollständig abschneiden und dann das Fruchtfleisch zwischen den Häutchen mit einem sehr scharfen Messer herausschneiden. Die Zesten und die Filets zusammen mit den Kapern und den Dillspitzen in die Reduktion geben. Kurz einköcheln lassen und dann mit kalten Butterflöckchen montieren (nach und nach einrühren, damit sich eine cremige Konsistenz und ein schöner Glanz ergibt). Wenn notwendig mit etwas Salz und Pfeffer würzen.

SAUCE HOLLANDAISE UND DEREN ABLEITUNGEN

Estragonschaumsauce

ZUTATEN:

80 ml Weißwein
Saft einer halben Zitrone
Salz, Pfeffer, Cayennepfeffer
1 TL Dijonsenf
3 Eidotter
180 g Butter
1 EL frisch gehackter Estragon
1 EL geschlagene Sahne

Eidotter und Gewürze mit Weißwein, Zitronensaft und dem Dijonsenf über Dampf sehr schaumig aufschlagen. Die Butter für die Bindung dürfen Sie schon ein wenig vorher bei sanfter Hitze köcheln lassen, bis sich die Molke absetzt und sich hellbraune Grieben

am Topfboden gebildet haben. Die Butter sollte beim Einrühren in etwa die gleiche Temperatur wie die Eidottermasse haben.
Am Schluss die Sauce mit frischem Estragon und geschlagener Sahne verfeinern.

Portweinmousseline

ZUTATEN:
40 ml Rotwein
50 ml Portwein
1 TL Dijonsenf
3 Eidotter
180 g Butter
1 EL geschlagene Sahne
Salz, Pfeffer, Cayennepfeffer

Eidotter und Gewürze mit Rotwein, Portwein und dem Dijonsenf über Dampf sehr schaumig aufschlagen. Die Butter für die Bindung dürfen Sie schon ein wenig vorher bei sanfter Hitze köcheln lassen, bis sich die Molke absetzt und sich hellbraune Grieben am Topfboden gebildet haben. Die Butter sollte beim Einrühren in etwa die gleiche Temperatur wie die Eidottermasse haben.
Am Schluss die Sauce mit Sahne verfeinern. Sollte sie etwas zu flach wirken, fehlt ein bisschen Säure, also mit einigen Spritzern Zitronensaft nachhelfen.

Sauce hollandaise

Zutaten:
80 ml Weißwein
Saft einer halben Zitrone
3 Eidotter, 180 g Butter
Salz, Pfeffer, Cayennepfeffer

Eidotter und Gewürze mit Weißwein und Zitronensaft über Dampf sehr schaumig aufschlagen. Die Butter für die Bindung dürfen Sie schon ein wenig vorher bei sanfter Hitze köcheln lassen, bis sich die Molke absetzt und sich hellbraune Grieben am Topfboden gebildet haben. Die Butter sollte beim Einrühren in etwa die gleiche Temperatur wie die Eidottermasse haben.

WEISSWEINSAHNE-SAUCE UND DEREN ABLEITUNGEN

Basilikumschaum

Zutaten:
250 ml Beurre blanc **(s. rechts)**
1 Bd frisches Basilikum

Beurre blanc nach dem Grundrezept herstellen. Basilikum waschen, Blätter abzupfen und grob hacken.

In die Sauce mixen und abpassieren. Diese Sauce ist nicht sehr farbstabil und wird vor allem durch zu starkes und langes Erhitzen gerne gräulich. Also immer möglichst frisch zubereiten. Vor dem Servieren mit dem Mix- oder Pürierstab aufschäumen.

Beurre blanc – Weiße Buttersauce

ZUTATEN:

300 ml Fischfond (s. S. 43)
100 ml Weißwein
1 TL Schalotten, fein geschnitten
100 g Butter
200 ml Sahne
8 cl Noilly Prat (französischer Wermut)
Salz, Pfeffer, Zitrone

Die Schalotten in etwas Butter anschwitzen und mit Weißwein ablöschen. Den Fischfond angießen, einreduzieren (und zwar sollten 3/4 der Flüssigkeit verdampft sein), dann die Sahne angießen, wieder einreduzieren und am Schluss mit Butter montieren, indem nach und nach kalte Butterstückchen in die Sauce gerührt werden, damit diese eine cremige, satte Konsistenz und einen schönen Glanz erhält.
Mit dieser Basissauce lassen sich alle Schaumsaucen und eine Menge Ableitungen herstellen.

Kalamata-Olivenschaum

ZUTATEN:

250 ml Beurre blanc (s. links)
80 g Kalamata-Oliven
1 cl weißer Balsamicoessig
Cayennepfeffer

Beurre blanc nach dem Grundrezept herstellen. Kalamata-Oliven entsteinen, hacken und in die Sauce geben. Kräftig mixen und durch ein nicht allzu feines Sieb gießen. Mit etwas weißem Balsamicoessig oder Weißweinessig abschmecken. Eine Prise Cayennepfeffer bringt das Aroma der Oliven noch schöner zur Geltung. Vor dem Servieren mit dem Mix- oder Pürierstab aufschäumen.

Kren-Schaum

ZUTATEN:

250 ml Beurre blanc (s. links)
1 TL Wasabipulver
1 TL weißer Balsamico- oder Weißweinessig
30 g frisch geriebener Kren

Beurre blanc nach dem Grundrezept herstellen. Wasabipulver in Weißweinessig einweichen und mit dem frischen Kren in die Sauce mixen. Abpassieren und mit frisch gemahlenem weißen Pfeffer abschmecken. Vor dem Servieren mit dem Mix- oder Pürierstab aufschäumen.

Safranschaum

ZUTATEN:

250 ml Beurre blanc (s. S. 51)
1 TL Safranfäden
1 TL Weißweinessig

Beurre blanc nach dem Grundrezept herstellen. Safran in Weißweinessig mit ganz wenig lauwarmem Wasser ziehen lassen. Dann mit der Beurre Blanc aufgießen und mit dem Mixstab schäumen.

Wiesenkräuterschaum

ZUTATEN:

250 ml Beurre blanc (s. S. 51)
frische Wiesenkräuter nach Geschmack
(Dill, Kerbel, Petersilie, Schnittlauch, Kresse und viele mehr, lassen Sie in der Auswahl Ihrer Phantasie freien Lauf und kreieren Sie Ihre Lieblingssauce.)

Beurre blanc nach dem Grundrezept herstellen. Kräuter waschen, Blätter abzupfen und grob hacken. In die Sauce mixen und abpassieren. Diese Sauce ist nicht sehr farbstabil und wird vor allem durch zu starkes und langes Erhitzen gerne gräulich. Also immer möglichst frisch zubereiten. Vor dem Servieren mit dem Mix- oder Zauberstab schäumen.

GEMÜSESCHAUMSAUCEN

Blumenkohlschaum

ZUTATEN FÜR 6 PORTIONEN:

200 g in Milch gekochter Blumenkohl
80 g Butter
1 kleine Zwiebel
80 ml Weißwein
100 ml Fischfond (s. S. 43)
250 ml Sahne
Salz, Pfeffer, Muskat

Zwiebel in Butter glasig andünsten, den in Milch gekochten Blumenkohl beigeben, dann mit Weißwein und Fischfond aufgießen und 10 Minuten köcheln lassen. Sahne zugießen und bei milder Hitze nochmals einige Minuten köcheln lassen. Mixen, abpassieren und mit wenig Salz, Pfeffer und Muskat würzen.

TIPP Sollte die Sauce zu kompakt sein und nicht schäumen, etwas Milch dazugeben.

Fenchelschaumsauce

ZUTATEN FÜR 6 PORTIONEN:
200 g grob geschnittene Fenchel
80 g Butter
1 große, fein gehackte Zwiebel
80 ml Weißwein
100 ml Fischfond (s. S. 43)
4 cl Pernod
250 ml Sahne
Salz, Pfeffer, Cayennepfeffer

Zwiebel in Butter glasig andünsten, dann den Fenchel dazugeben und so lange unter ständigem Rühren anschwitzen, bis sich die Butter zu klären beginnt. Dann mit Weißwein und Fischfond aufgießen und 10 Minuten köcheln lassen. Pernod und Sahne zugießen und bei milder Hitze den Fenchel weich garen (das dauert im Normalfall nochmals ca. 10 Minuten). Mixen, abpassieren und mit wenig Salz, Pfeffer und Muskat würzen.

TIPP Sollte die Sauce zu kompakt sein und nicht schäumen, etwas Fischfond oder Mineralwasser beigeben; natürlich kann es auch ein Schluck Winzersekt oder Champagner sein!

Paprikaschaumsauce

ZUTATEN FÜR 6 PORTIONEN:
200 g grob geschnittene rote oder gelbe Paprikaschoten
80 g Butter
1 große, fein gehackte Zwiebel
80 ml Weißwein
100 ml Fischfond (s. S. 43)
250 ml Sahne
Salz, Pfeffer, Cayennepfeffer

Zwiebel in Butter glasig andünsten, dann die Paprika dazugeben und so lange unter ständigem Rühren anschwitzen, bis sich etwas Farbe löst. Dann mit Weißwein und Fischfond aufgießen und 10 Minuten köcheln lassen. Sahne zugießen und bei milder Hitze die Paprikaschoten ganz weich garen (Das dauert im Normalfall nochmals ca. 10 Minuten). Mixen, abpassieren und mit wenig Salz, Pfeffer, Cayennepfeffer und Muskat würzen. Seien Sie nicht erstaunt, dass Sie nur sehr wenig Salz brauchen, dies rührt von der Würzigkeit der Paprikaschoten her.

Schaum vom jungen Zwiebellauch

ZUTATEN FÜR 6 PORTIONEN:

200 g grob geschnittener junger Zwiebellauch
80 g Butter
80 ml Weißwein
100 ml Fischfond (s. S. 43)
250 ml Sahne
Salz, Pfeffer, Muskat, Prise Kreuzkümmel

Zwiebellauch in Butter glasig andünsten und so lange unter ständigem Rühren anschwitzen, bis sich die Butter zu klären beginnt. Dann mit Weißwein und Fischfond aufgießen und 10 Minuten köcheln lassen. Sahne zugießen und bei milder Hitze den Zwiebellauch weich garen. (Das dauert im Normalfall nochmals einige Minuten.) Mixen, abpassieren und mit wenig Salz, Pfeffer, Muskat und einer Prise Kreuzkümmel würzen.

TIPP Sollte die Sauce zu kompakt sein und nicht schäumen, etwas Fischfond oder Mineralwasser beigeben; natürlich kann es auch ein Schluck Winzersekt oder Champagner sein!

MAYONNAISE UND DEREN ABLEITUNGEN

Grundmayonnaise

ZUTATEN:

100 g Eigelb (5 Dotter)
30 g Dijonsenf
10 g Zucker
Saft einer halben Zitrone
Tabasco (5-6 Spritzer)
wenig Weißweinessig
500 ml Sonnenblumen- oder Erdnussöl
2 EL Sauerrahm oder Natur-Joghurt
10 g Salz
Pfeffer aus der Mühle

Eidotter mit den Gewürzen, Essig, Zitronensaft und dem Senf vermischen. Dann das Öl unter ständigem Rühren eintropfen lassen und am Schluss nochmals mit Tabasco, Salz und Pfeffer abschmecken. Je nach Verwendungszweck mit Natur-Joghurt oder Sauerrahm etwas verfeinern.

Bärlauch-Mayonnaise

ZUTATEN:

150 g Grundmayonnaise (s. links)
40 g Natur-Joghurt, 40 g Crème fraîche
viel frischer Bärlauch
Zitronensaft
Salz, Pfeffer, Cayennepfeffer

Grundmayonnaise mit Natur-Joghurt und Crème fraîche mischen. Viel frisch gehackten Bärlauch untermischen. Bei Bedarf mit etwas Zitronensaft, Salz, Pfeffer und Cayennepfeffer abschmecken.

Gartenkräuter-Mayonnaise

ZUTATEN:

150 g Grundmayonnaise (s. links)
50 g Natur-Joghurt
1 Msp Bertrampulver
frisch gehackte Kräuter nach Belieben.
Meine Favorits zu Fischen:
Estragon, Kerbel, Dill, Basilikum, Liebstöckel (vorsichtig dosieren), Petersilie, Schnittlauch

Grundmayonnaise mit Natur-Joghurt und Bertrampulver mischen. Frisch gehackte Käuter dazugeben und falls notwendig noch ein wenig mit Salz, Pfeffer und Zitrone abschmecken.

Rouille

ZUTATEN:

2 frische rote, nicht allzu scharfe Chilischoten
2 Knoblauchzehen
wenig Meersalz
1 gekochte Kartoffel
150 ml Olivenöl
50 ml Crème fraîche
Zitronensaft
Salz, Pfeffer, Cayennepfeffer

Chili mit Knoblauch und Meersalz im Mörser fein verreiben, dann mit der gekochten und passierten Kartoffel intensiv vermischen. Das Olivenöl wie bei einer Mayonnaise einrühren und dann die Crème fraîche unterheben. Mit Zitronensaft, Salz, Pfeffer und Cayennepfeffer abschmecken.

Safran-Aioli

ZUTATEN:

150 g Grundmayonnaise (s. S. 54)
50 g Natur-Joghurt
40 Safranfäden
1 TL Weißweinessig, mild
1 TL lauwarmes Wasser
3 Knoblauchzehen
Salz, Pfeffer, Cayennepfeffer

Grundmayonnaise mit Natur-Joghurt vermischen. Safranfäden in lauwarmem Wasser mit dem Weißweinessig einweichen und in die Mayonnaise einrühren. Knoblauchzehen hacken, mit Salz ganz fein zerreiben und mit der Safran-Mayonnaise mischen. Mit Cayennepfeffer und Pfeffer aus der Mühle abschmecken. Vorsicht mit dem Salz! Durch den Knoblauch, der ohnehin bereits mit Salz zerdrückt wurde, ist die Safran-Aioli grundsätzlich sehr würzig.

Sauce tartare

ZUTATEN:

150 g Grundmayonnaise (s. S. 54)
50 g Natur-Joghurt
50 g Crème fraîche
1 TL Dijonsenf
1 TL gehackte Schalotten
1 EL gehackte Kapern
1 EL gehackte Cornichons (Gewürzgurken)
2 EL gehackte Petersilie
Zitronensaft
Salz, Pfeffer, Cayennepfeffer

Grundmayonnaise mit Natur-Joghurt und Crème fraîche vermischen. Die fein geschnittenen Aromen und den Senf beigeben und gut verrühren. Bei Bedarf mit etwas Zitronensaft, Salz, Pfeffer und Cayennepfeffer abschmecken.

Trüffel-Remoulade

ZUTATEN:

150 g Grundmayonnaise (s. S. 54)
50 g Natur-Joghurt
50 g Crème fraîche
1 TL körniger Senf (Champagnersenf)
1 TL gehackte Schalotten
1 EL gehackte Kapern
1 EL gehackte Cornichons (Gewürzgurken)
2 EL gehackte Petersilie
1 hart gekochtes Ei, fein gehackt
Trüffelöl nach persönlichem Geschmack
(Ich mag es nicht zu intensiv, tasten Sie sich tropfenweise an Ihr persönliches Idealaroma heran!)
Zitronensaft, Salz, Pfeffer, Cayennepfeffer

Grundmayonnaise mit Natur-Joghurt und Crème fraîche vermischen. Die fein geschnittenen Aromen und den Senf beigeben und gut verrühren. Das Trüffelöl einrühren, wie gesagt, ganz, ganz vorsichtig, das kann schnell zu intensiv werden. Bei Bedarf mit etwas Zitronensaft, Salz, Pfeffer und Cayennepfeffer abschmecken. Am Schluss das gehackte Ei untermischen. Natürlich können auch Würfelchen von Perigord-Trüffeln eingearbeitet werden und/oder mit Scheiben von schwarzem, weißem oder Sommertrüffel garniert werden.

SONSTIGE

Flusskrebssauce

ZUTATEN:

750 g Krebskarkassen (Schalen)
40 ml Olivenöl
50 g Butter
80 g fein geschnittene Zwiebeln oder Schalotten
250 g Wurzelgemüse (Karotte, Lauch, Sellerie, Petersilienwurzel, Fenchel)
1 Knoblauchzehe
50 g Tomatenmark
6 cl Weinbrand
100 ml Weißwein
200 ml Fischfond (s. S. 43)
1 Zitrone
4 cl Pernod
10 cl Noilly Prat (französischer Wermut)
Kräuter nach Belieben (Petersilienstängel)
400 ml Sahne
150 ml Crème fraîche
Salz, Pfefferkörner, Lorbeerblatt, Fenchelsamen, Cayennepfeffer, Curry
einige Safranfäden

Krebskarkassen zerstoßen und im Ofen bei 150°C langsam trocknen. In Butter und Olivenöl anrösten, bis sich das Öl rot färbt. Aber bitte darauf achten, dass nicht zu stark geröstet wird, da sonst der Fond bitter wird. Nun die Zwiebel und das geschnittene Gemüse beigeben und kurz weiterrösten. Tomatenmark dazugeben, ganz kurz durchrösten und mit Weinbrand, Noilly Prat, Pernod und Weißwein ablöschen. Dann Fischfond, Sahne, Crème fraîche, die Gewürze und die Kräuter beigeben. Eine knappe Stunde köcheln lassen. Abpassieren und mit Zitrone, Salz und Cayennepfeffer abschmecken.

Krebsenbutter

ZUTATEN:

300 g getrocknete Krebskarkassen (Schalen)
300 g Butter

Butter erhitzen und die getrockneten und zerstoßenen Krebskarkassen darin anrösten. Mit Eiswasser auffüllen und kaltstellen. Die entstandene Butterschicht abheben, schmelzen und zum Reinigen durch ein Sieb gießen.

Fisch

küche

SUPPEN

Halászlé (Ungarische Fischsuppe)

Würfelig geschnittene, entgrätete Süßwasser-Fischstücke werden gesalzen, gepfeffert und in Butter rasch angebraten und beiseite gestellt. Im selben Fett röstet man eine große, fein gehackte Zwiebel, gibt ein wenig Dillenkraut dazu und würzt mit feinstem Rosenpaprika. Mit etwas Mehl stauben, mit saurem Rahm und Fischfond aufgießen und einen Spritzer Essig dazugeben. Die Suppe nach kräftigem Verkochen passieren und mit den angebratenen Fischstücken nochmals kurz aufkochen lassen.

Mit Sauerrahm und frischem Dill servieren.

ZUTATEN FÜR 6 PORTIONEN:

200 g würfelig geschnittene Süßwasser-Fischstücke
80 g Butter
1 große, fein gehackte Zwiebel
2 EL gehackter Dill
1/2 TL Rosenpaprika scharf
40 g Mehl
250 g Sauerrahm
750 ml Fischfond (s. S. 43)
1 TL Weißweinessig
Salz, Pfeffer

Klare Fischsuppe mit zweierlei Hecht

Zutaten für 6 Portionen:

Für die Suppe:
800 ml Fischfond (s. S. 43)
1 Zitrone
1 EL Pernod
60 ml Noilly Prat (französischer Wermut)
1 Msp Wasabipulver
Salz, Pfefferkörner, Lorbeerblatt, Fenchelsamen, Cayennepfeffer, Curry

Für die Hechtnockerl:
200 g Hechtfarce (s. S. 102)

Für den gebackenen Hecht:
200 g Hechtfilet
120 g Mehl
1 Ei, 130 ml Bier
Salz, Pfeffer
Butterschmalz zum Ausbacken

Weiters:
100 g Bärlauch-Mayonnaise (s. S. 55)

Suppe gut würzen und erhitzen. Die Hechtnockerl in Salzwasser vorsichtig pochieren und in der Suppe anrichten.

Der gebackene Hecht ist sehr einfach vorzubereiten. Zuerst den Teig zubereiten, indem man das Mehl mit den Eiern, dem Bier sowie einer Prise Salz zu einem glatten Teig vermengt und diesen mindestens 1/2 Stunde rasten lässt. Dann die Hechtstücke sorgfältig entgräten und leicht würzen. Durch den Bierteig ziehen und in Butterschmalz zügig knusprig ausbacken. Nicht in der Suppe, sondern separat servieren.

TIPP Croûtons in Olivenöl anbraten, so bekommen sie eine schöne Farbe und schmecken super.

Bodenseefischsuppe mit Lachsforellennockerl

Fischfond gut würzen und erhitzen. Die Fischstückchen in Weißweinsud vorsichtig pochieren und in tiefen Suppentellern anrichten.

Für die Lachsforellennockerl entgrätetes und grob zerkleinertes Fischfleisch mixen. Ei dazu einmixen und dann nach und nach die Sahne einarbeiten (genaue Anleitung s. S. 102). Abschmecken. Von der Farce kleine Nockerl abstechen und in Salzwasser pochieren. Ebenfalls anrichten.
Mit der Fischsuppe die Teller auffüllen und mit Dill, Safranfäden und Tomatenwürfeln garnieren.

ZUTATEN FÜR 6 PORTIONEN:

FÜR DIE SUPPE:
800 ml Fischfond (s. S. 43)
1 EL Pernod
60 ml Noilly Prat (französischer Wermut)
50 g Würfel von enthäuteten Tomaten
500 ml Weißweinsud (s. S. 46)
300 g Fischfilets (Egli/Flussbarsch, Felchen/Reinanke, Forelle oder Saibling, aber auch Wels und Aalstückchen)
Salz, Pfefferkörner, Lorbeerblatt, Fenchelsamen, Cayennepfeffer
einige Safranfäden und frischer Dill für die Garnitur

FÜR DIE NOCKERL:
200 g Lachsforellenfilet
180 ml Sahne, 1 Ei
1 Spritzer Pernod
1 Spritzer Noilly Prat (französischer Wermut)
Salz, Pfeffer, Cayennepfeffer

Klare Tomaten-Essenz mit Flusskrebsschöberl

Zutaten für 6 Portionen:

für die Suppe:

300 ml Fischfond (s. S. 43)
1 kg vollreife Tomaten
100 g enthäutete, gewürfelte Tomaten
frisches Basilikum
Zucker, Salz, Pfeffer, Cayennpfeffer

für die Flusskrebsschöberl:

2 Eier
40 g Mehl
50 g würfelig geschnittenes Krebsfleisch
30 g geriebener Parmesan
40 g junge Erbsen
Salz, Pfeffer, Muskat

Tomaten mixen und in ein Passiertuch geben. So läuft der klare(!), fast farblose, aber hocharomatische Tomatensaft ab. Zusammen mit schönem, klaren Fischfond aufstellen und erhitzen. Mit Salz, Pfeffer und Cayenne abschmecken. Sollten die Tomaten noch zuviel Säure haben, eine Prise Zucker beigeben, das rundet das Aroma auf fast wundersame Weise ab.

Für die Flusskrebsschöberl die 2 Eiklar steif schlagen, die Dotter hineinrühren und das gesiebte Mehl unterheben. Mit wenig Salz, Pfeffer und Muskat würzen. Dann die Erbsen, das Krebsfleisch und den Parmesan vorsichtig untermischen und auf ein mit Backpapier belegtes Blech fingerdick aufstreichen. Im vorgeheizten Ofen bei ca. 190 °C 10 Minuten goldgelb backen. Bitte gut aufpassen: backen die Schöberl zu lange, werden sie trocken und das Krebsfleisch zäh! Nun die Schöberl mit den Tomatenwürfeln und dem frisch geschnittenen Basilikum in heiße Suppenteller geben und erst unmittelbar vor dem Servieren die heiße Tomaten-Essenz eingießen.

TIPP Das übrig gebliebene Fruchtfleisch von den Tomaten eignet sich bestens für Suppen und Saucen-Ansätze.

Kokos-Curryschaumsüppchen

Man röstet in 100 g Butter etwas geschnittenes weißes Wurzelwerk mit der fein geschnittenen Zwiebel und dem Knoblauch an, aber ohne wirklich Farbe nehmen zu lassen. Dann das Curry und das Zitronengras dazugeben und nochmals kurz rösten. Mit Weißwein, Fischfond, Sahne und Kokosmilch aufgießen, würzen und ca. 1 Stunde köcheln lassen, damit sich die Aromen schön verbinden. Mixen, abpassieren und abschmecken. Sollte die Suppe zu dicklich sein, mit Fischfond verdünnen.

ZUTATEN FÜR 6-8 PORTIONEN:

1 l Fischfond (s. S. 43)
100 g Butter
150 g weißes Wurzelwerk
1 fein geschnittene Zwiebel
4 gehackte Knoblauchzehen
60 g fein geschnittenes Lemongrass
25 g scharfes Curry
300 ml Sahne
300 ml ungesüßte Kokosmilch
100 ml fruchtiger Weißwein
Salz, Pfeffer, Cayennepfeffer, Muskat
Five Spice (Fünf-Gewürzepulver)

Klassische Krebsensamtsuppe

Zutaten für 6-8 Portionen:

1 kg Flusskrebse
100 g Butter
150 g weißes Wurzelwerk
80 g Reis
40 g Tomatenmark
4 cl Weinbrand
200 ml Sahne
50 g Butter
2 Dotter
Pfefferkörner, Kümmel, Petersilie

Man röstet in 100 g Butter etwas geschnittenes weißes Wurzelwerk mit Pfefferkörnern, Kümmel und Petersilie an, gibt die Flusskrebse mit einem Spritzer Wasser dazu, damit der Dampf die Tiere sofort tötet, lässt den Wassergehalt verdampfen, gibt nunmehr Reis, etwas Salz und ein wenig Tomatenmark daran, um das Ganze nach kurzem Durchrösten mit Weinbrand oder Cognac abzulöschen und anschließend mit 1 1/4 l Wasser aufzugießen.

Nach dem Aufkochen nimmt man die Krebse heraus, löst sie aus den Schalen, von denen ein Teil mit 50 g Butter gestoßen und angeröstet wird, während man das Übrige der kochenden Suppe einverleibt. Nachdem die Butter der gerösteten Krebsschalen aufgeschäumt hat, wird sie mit Wasser vergossen, aufgekocht und kaltgestellt, so dass man die rosa Krebsbutter sauber abheben und in ein kleines Schneebecken geben kann. Die Suppe selbst wird, sobald der Reis und die Wurzeln vollends weich geworden sind, durch ein feines Haarsieb passiert, gut ausgedrückt und im kochenden Wasserbad mit dem frischen Obers verschlagen.

Die gewonnene Krebsbutter verrührt man mit 2 Eidottern, schlägt sie auf mittelheißem Wasser zu einer dicklichen Masse, die sodann mit der bereits fertigen Suppe im Wasserbad unter ständigem Rühren verschlagen wird. Als Einlage dienen die ausgelösten Krebsschwänze und -scheren, Gemüse-Aromen sowie kleine, abgezogene Tomaten.

Mondseer Fischbeuschelsuppe

Man zerhackt den Karpfenkopf in grobe Stücke, setzt ihn gemeinsam mit den Karkassen, Pfefferkörnern, dem Lorbeerblatt und der Zwiebel in kaltem, mit Salz und Essig aromatisierten Wasser auf und lässt alles eine knappe halbe Stunde vor sich hin köcheln.

Nun das Wasser abseihen, aber aufbewahren, das Fischfleisch vom Kopf auslösen und ebenfalls beiseite stellen. Das Butterschmalz erhitzen und darin die geraspelten Wurzeln kurz anrösten. Mehl einrühren und kurz danach langsam mit dem bereitgehaltenen Fischsud und dem Rotwein aufgießen.

Die Suppe wird nun noch einige Zeit gut durchgekocht, ehe man den Rogen zügig einrührt, nochmals aufkochen lässt und das klein geschnittene Kopffleisch hinzufügt. Nach persönlichem Geschmack mit Thymian und Pfeffer nachwürzen. Die fertige Suppe in einer vorgewärmten Suppenschale anrichten, mit frisch gerösteten Weißbrotcroûtons und gehackter Petersilie garniert servieren.

ZUTATEN FÜR 6-8 PORTIONEN:

Kopf und Karkassen (Fischabschnitte) vom Karpfen
1 Zwiebel
1 l Wasser
1 Schuss Essig
2 EL Butterschmalz
insgesamt 100 g geriebenes Wurzelwerk von Karotten, Sellerie und gelben Rüben
1 EL Mehl
100 ml Rotwein
Karpfenrogen
Thymian
Pfeffer aus der Mühle
geröstete Weißbrotwürfel
gehackte Petersilie
Pfefferkörner, Lorbeerblatt
Salz

Bisque von Flusskrebsen

Krebskarkassen zerstoßen und im Ofen bei 150 °C langsam trocknen. In Butter und Olivenöl anrösten, bis sich das Öl rot färbt. Aber bitte darauf achten, dass nicht zu stark geröstet wird, da sonst der Fond bitter wird. Nun die Zwiebel und das geschnittene Gemüse beigeben und kurz weiterrösten. Tomatenmark dazugeben, ganz kurz durchrösten und mit Weinbrand, Noilly Prat, Pernod und Weißwein ablöschen. Dann Fischfond, Sahne, Crème fraîche, die Gewürze und die Kräuter beigeben. Eine knappe Stunde köcheln lassen. Abpassieren und mit Zitrone, Salz und Cayennepfeffer abschmecken. Vor dem Servieren mit dem Mixstab aufschäumen. Als Einlage passen perfekt Flusskrebsschwänze, aber auch junge Erbsen und Flusskrebsschöberl.

ZUTATEN FÜR 8-10 PORTIONEN:

750 g Krebskarkassen (Schalen)
40 ml Olivenöl
50 g Butter
80 g fein geschnittene Zwiebeln oder Schalotten
250 g Wurzelgemüse (Karotte, Lauch, Sellerie, Petersilienwurzel, Fenchel)
1 Knoblauchzehe
50 g Tomatenmark
6 cl Weinbrand
100 ml Weißwein
500 ml Fischfond (s. S. 43)
1 Zitrone
4 cl Pernod
10 cl Noilly Prat (französischer Wermut)
1 l Sahne
150 ml Crème fraîche
Kräuter nach Belieben (Petersilienstängel)
Salz, Pfefferkörner, Lorbeerblatt, Fenchelsamen, Cayennepfeffer, Curry, einige Safranfäden

Neusiedler See-Fischsuppe

Den Fischfond erwärmen. In der Zwischenzeit die Fischfilets so gut wie möglich entgräten und in mundgerechte Stücke schneiden.

Das Butterschmalz in einem hohen Topf zerlassen, klein gehackte Zwiebeln, würfelig geschnittenen Bauernspeck und streifenförmig geschnittene Paprikaschoten hinzufügen. Knoblauch darüberpressen und alles auf kleiner Flamme etwa 20-25 Minuten ziehen lassen und dabei mehrmals mit jeweils 1-2 EL Fischfond oder Suppe aufgießen.

Danach Tomatenmark und Paprikapulver einrühren, die Fischstücke (und, so vorhanden, die Karpfenmilch) dazugeben und mit den übrigen Zutaten in der Pfanne so verrühren, dass sich die Fische leicht rötlich färben. Mit dem heißen Fischfond aufgießen und die Fischstückchen im knapp am Siedepunkt köchelnden Sud fünf Minuten gar ziehen lassen.

Die Fischstücke herausheben und gleichmäßig auf vier Tassen verteilen. Die Suppe noch einmal mit Salz und Paprikapulver abschmecken, über die Fischstücke gießen und mit jeweils einem kleinen Sauerrahmhäubchen in der Mitte möglichst heiß servieren.

ZUTATEN FÜR 6-8 PORTIONEN:

1 l Fischfond (s. S. 43) oder Gemüsesuppe
200 g Karpfenfilet
150 g Welsfilet
150 g Zanderfilet
100 g Karpfenmilch (nach Möglichkeit)
150 g in Stücke gehackter Aal
5 EL Butterschmalz
100 g Zwiebeln
100 g Bauernspeck
2 grüne Paprikaschoten
1 gepresste Knoblauchzehe
3 EL Tomatenmark
1 EL edelsüßes Paprikapulver
2 EL Sauerrahm
Salz

TIPP Wenn Sie die Suppe schärfer wollen, verwenden Sie scharfes Paprikapulver oder kochen ein bis zwei getrocknete Pfefferonischoten mit.

Tomatisierte Fischsuppe

Die geputzten und zerkleinerten Fische in einem Bräter in Butter und Olivenöl anbraten. Dann das Gemüse dazugeben. Mit Tomatenmark tomatisieren, frische Tomaten und alle restlichen Zutaten dazugeben. Jetzt noch ca. 1 Liter Wasser zugießen und alles zusammen für ca. 1 1/2 Stunden köcheln lassen, anschließend durch ein feines Sieb passieren. Dazu mit einer Schöpfkelle das Gemüse und die Fischstückchen gut ausdrücken, dadurch kommen passiertes Gemüse und kräftiger Fischsaft in die Suppe, sie wird so sämig und noch geschmacksintensiver. Mit Salz, Pfeffer und Cayennepfeffer abschmecken.

Mit geröstetem Weißbrot und einer Flasche kräftigem Weißwein ein Traum. Sehr gut schmeckt auch ein Löffel voll Sauerrahm in der Suppe.

Zutaten für 8-10 Portionen:

1 kg kleine Fische, eventuell
auch einige Krebse
50 ml Olivenöl
40 g Butter
1 Fenchelknolle
2 Karotten
1 Zwiebel
3 Knoblauchzehen
50 g Tomatenmark
300 ml Weißwein
500 g Flaschentomaten
1 l Fischfond (s. S. 43)
1 Zitrone
Pfefferkörner, Lorbeerblatt,
Fenchelsamen,
Salz, Pfeffer, Cayennepfeffer

Fisch

küche

MARINIEREN & ROH

Blinis

Für den Bliniteig aus Dinkelmehl, Hefe, Zucker und etwas angewärmter Milch einen Vorteig herstellen. Diesen gehen lassen, bis er kräftige Blasen wirft.

Dann das restliche Mehl, die angewärmte Butter, Eidotter, Grieß, Salz und sowohl die leicht angeschlagenen Eiklar als auch die leicht geschlagene Sahne unterziehen. Kurz gehen lassen, glattrühren – fertig. In wenig Butterschmalz mit einem Löffel schöne Blinis in die Pfanne setzen und hellbraun ausbacken, wenden und fertig backen. Mit Sauerrahm und Kaviar servieren.

ZUTATEN FÜR 8-10 PORTIONEN:

310 ml Milch
10 g Hefe
125 g Buchweizenmehl
125 g Dinkelfeinmehl oder Weizenvollkornmehl
50 g Butter
2 Eidotter
10 g Zucker
1 EL Grieß
2 Eiklar, leicht angeschlagen
30 g Sahne, leicht angeschlagen
10 g Salz
frischer Felchen- oder Forellenkaviar
Sauerrahm

Alpenlachs in japanischer Marinade

Die Schalotten mit dem Ingwer, Knoblauch und Chili fein hacken und zusammen mit den Korianderkörnern in ein wenig Erdnussöl anrösten, ohne dass die Zwiebeln Farbe nehmen. Den Zucker dazugeben und karamellisieren lassen.

Mit der Sojasauce ablöschen. Das Zitronengras mit der Limettenschale und dem Limeblatt dazugeben und einreduzieren, bis die Masse leicht dickflüssig ist. Abkühlen und die frisch gehackten Korianderblätter dazugeben.

Das Filet waschen und die Haut sauber mit einem scharfen Messer abschneiden. Dann das Filet quer in ca. 3 mm dicke Scheibchen schneiden. Diese auf ein Blech legen und mit der Marinade übergießen. Der Fisch entwickelt nach ca. 3 Stunden sein bestes Aroma und die ideale Konsistenz.

ZUTATEN FÜR 6 PORTIONEN:

1 Alpenlachsfilet à ca. 600-800 g
2 Schalotten
15 g Ingwer
15 g Knoblauch
1 Chilischote
15 Stk. Korianderkörner
1 Stange Zitronengras
1 Limette (nur die dünn abgeschälte Schale)
1 Limeblatt
75 g Zucker
200 ml Sojasauce
15 g frisch gehackte Korianderblätter

Bodenseefelchen in Zitronen-Basilikum-Marinade

Zwiebel nudelig schneiden und mit dem braunen Zucker im Olivenöl anschwitzen, bis sie glasig sind, ohne Farbe nehmen zu lassen. Dann Weißwein, Balsamicoessig, in Scheiben geschnittene Zitronen, Salz und die Gewürze beigeben.

Alles ca. 20 Minuten bei milder Hitze köcheln lassen, Basilikum beigeben und nochmals 10 Minuten ziehen lassen. Dann heiß über die Felchen (oder andere Fischfilets gießen), nach 10 Minuten wenden und für 12 Stunden kaltstellen.

TIPP Bei dickeren Fischfilets ist es ratsam, diese bereits mariniert unter dem Salamander kurz vorzugaren und dann durchziehen zu lassen.

ZUTATEN FÜR 6 PORTIONEN:

6 große Felchenfilets (Reinanke)
230 ml kalt gepresstes, natives Olivenöl
1 mittelgroße Zwiebel
20 g brauner Zucker
1 Bund Basilikum
2 schöne, am besten unbehandelte Zitronen
130 ml Weißwein
30 ml weißer Balsamicoessig
Lorbeerblätter, Pfefferkörner, Koriandersamen
20 g Salz

Ceviche vom Zander mit Guacamole

Das Zanderfilet zupfen, mit kaltem Wasser kurz abwaschen und mit einem scharfen Messer in hauchdünne Scheiben schneiden. Für die Marinade alle Zutaten vermischen und die Zanderscheiben darin einlegen. Kaltstellen. Nach einigen Minuten die Zanderscheibchen in tiefen Tellern vorsichtig auslegen und mit wenig grobem Meersalz bestreuen. Mit Sellerieblättern, Radieschen, Limettenwürfeln und Schnittlauch bestreuen. Kleine Häufchen Felchenkaviar und ein Nockerl der frischen Guacamole als Garnitur anrichten. Für diese die reife Avocado schälen, mit einer Gabel zerdrücken und mit den restlichen Zutaten kurz vermischen.

TIPP Als Garnitur passen perfekt hauchdünne Scheiben von der Aubergine als Chips frittiert.

ZUTATEN FÜR 4 PORTIONEN:

1 Zanderfilet à 200 g
50 g Felchenkaviar (Reinanke)
dünn geschnittener Staudensellerie, Radieschen, Schnittlauch
grobes Meersalz,
Pfeffer aus der Mühle

FÜR DIE MARINADE:

1 EL Limettensaft
dünn abgeschälte Limettenschale, fein gewürfelt
2 TL frisch gerissener Kren
3 Tropfen Tabasco

FÜR DIE GUACAMOLE:

1 große, reife Avocado
50 g Tomaten, enthäutet und gewürfelt
2 fein geschnittene Schalotten
frische Petersilie und Koriandergrün
Zitronensaft, Olivenöl,
Salz, Pfeffer, Chili

Ceviche von der Lachsforelle mit frischen Austern

Das Lachsforellenfilet zupfen, mit kaltem Wasser kurz abwaschen und mit einem scharfen Messer in hauchdünne Scheiben schneiden. Für die Marinade alle Zutaten mischen und die Forellenscheiben darin einlegen. Kaltstellen. Nach einigen Minuten die Forellenscheiben in tiefen Tellern vorsichtig auslegen, mit wenig grobem Meersalz bestreuen und die Austern darauf anrichten. Mit Sellerieblättern, Radieschen, Limettenwürfeln und Schnittlauch bestreuen. Kleine Häufchen Felchenkaviar als Garnitur anrichten.

Als Beilage passen kleine Croûtons von Pumpernickel mit Butter oder Kräutertopfen.

TIPP Austern mit einem dicken Tuch kräftig fassen, so dass die flache Seite oben ist und die Spitze Richtung Handgelenk deutet. Dann auf der rechten Seite ca. 2/3 von der Spitze entfernt das Austernmesser zwischen die Schalen schieben, dabei das Messer horizontal hin und her bewegen, bis der Verschlussmuskel der Auster durchtrennt ist. Dann lässt sie sich ganz leicht öffnen.

ZUTATEN FÜR 4 PORTIONEN:

1 Lachsforellenfilet à 200 g
12 Fines de Claires-Austern
50 g Felchenkaviar (Reinanke)
dünn geschnittener Staudensellerie, Radieschen, Schnittlauch
grobes Meersalz, Pfeffer aus der Mühle

FÜR DIE MARINADE:

1 EL Limettensaft
dünn abgeschälte Limettenschale, fein gewürfelt
2 TL frisch gerissener Kren
3 Tropfen Tabasco

Tatar von der Seeforelle auf Gazpacho mit blauen Chips

Zuerst stellen Sie die Gazpacho her. Gurke schälen, Paprika unter dem Grill schwarz werden lassen, Haut ablösen, Tomaten häuten. Dann alle Zutaten fein mixen und durch ein Sieb streichen. Kaltstellen.

Für das Tatar das Lachforellenfleisch mit einem Messer fein hacken. Das Messer muss wirklich scharf sein, damit der Fisch sauber zerschnitten und nicht abgequetscht wird. Die Schalotten hacken und in einem Sieb mit heißem Wasser abspülen – das nimmt ihnen die Schärfe. Die Zesten werden mit einem scharfen Messer hauchdünn von den Zitrusfrüchten abgeschnitten und dann fein gehackt. Wasabi in Pulverform muss mit etwas Wasser bindig gerührt werden, Paste kann sofort verwendet werden. Alle Zutaten außer Schalotten und Fisch zu einer Marinade mischen, dann die Schalotten zum Fischfleisch geben und mit der Marinade mischen. Kurz ziehen lassen und dann das Tatar in einen von der Größe geeigneten Ring drücken.

Für die Chips die blauen Kartoffeln waschen, mit der Schale dünn schneiden und im Fett frittieren. Gut abtropfen lassen und leicht salzen. Eine herrliche, knusprige Ergänzung zum würzig erfrischenden Tatar. Die Gazpacho in einem tiefen Teller anrichten, Tatar daraufsetzen und mit den Chips bestreut servieren.

Zutaten für 6-8 Portionen:

Für das Tatar:

600 g Seeforellenfilet, gezupft
30 g gehackte Schalotten
1 TL gehackter Ingwer
1 TL Orangen- und Zitronenzesten
15 ml Sojasauce
15 ml Grund-Vinaigrette (3 Teile Öl, 1 Teil Essig, Salz, Pfeffer)
1 TL Wasabi
Salz, Pfeffer, Cayennepfeffer

Für die Gazpacho:

800 g Tomaten
1 Gurke
2 rote Paprikaschoten
2 EL Tomatenmark
2 EL Olivenöl
2 EL weißer Balsamicoessig
Salz, Pfeffer, Cayennepfeffer

Für die Chips:

500 ml Pflanzen- oder Frittierfett
200 g blaue Kartoffeln
Salz

Gebeizte Seeforelle mit Salat, Blüten und Trüffel-Remoulade

Seeforellenfilet sauber zuschneiden, unter fließendem Wasser kurz abwaschen und trockentupfen. Mit einem scharfen Messer die Schale einer unbehandelten und zuvor heiß abgewaschenen Orange hauchdünn abschälen und in feine Streifen schneiden. Koriander und Pfeffer im Mörser grob zerstoßen und den Dill grob durchhacken. Dann alles zusammen mit Salz und Zucker mischen und gleichmäßig über das Filet streuen. Je nach Stärke des gewünschten Geschmackes können Sie mit dieser Menge bis zu zwei Filets beizen.

Nach 24 Stunden Filet abwaschen, trockentupfen und mit einem Lachsmesser hauchdünn aufschneiden. Mit Trüffel-Remoulade und marinierten Kräutern, Blüten und Salaten servieren.

Zutaten für 6-8 Portionen:

Für die gebeizte Forelle:

1 Seeforellenfilet
(oder Alpenlachs)
ca. 600–800 g, gezupft
45 g Salz
25 g brauner Zucker
1 Orange
1 kleiner Bund Dill
1 TL Korianderkörner
1 TL Pfefferkörner
100 ml Trüffel-Remoulade (s. S. 56)
Wiesenkräuter und Salat nach Saison
essbare Blüten sofern vorhanden (Zitronen-Tigate, Bergstiefmütterchen, Malven, Kapuzinerkresse etc.)
Zitrone, Olivenöl

Japanisch marinierte Lachsforelle mit Eiszapfen und Ingwer

Die Zutaten für die Marinade gut mit einem Schneebesen verrühren.

Den Zander unter fließendem kalten Wasser abwaschen, mit Küchenpapier trocknen und mit einem scharfen Messer filetieren. Dann mit einer Grätenzange (oder einem entsprechenden Schnitt) die verbleibenden Gräten entfernen und hauchdünne Scheibchen schneiden.

Die Eiszapfen waschen und dünn hobeln, auf dem Rucola mit dem marinierten Ingwer anrichten und mit der japanischen Marinade beträufeln.

TIPP Koriander und Pfeffer können Sie auch im Mörser fein zerstoßen. Verwenden Sie fertigen Sushi-Ingwer. Dieser ist milder und hat einen angenehmen Geschmack.

ZUTATEN FÜR 6 PORTIONEN:

FÜR DIE MARINADE:

6 EL mildes Olivenöl
2 EL Balsamicoessig
1 EL Sojasauce
2 EL Weißwein
Zitronenschale
eingelegter Ingwer
1 Msp. Wasabipulver
Salz, Pfeffer aus der Mühle

FÜR DEN FISCH
UND DIE GARNITUR:

1 Lachsforelle à ca. 600 g
1 Bd. Frühlingszwiebeln
6 Eiszapfen (kleine weiße Rettiche)
Rucola
40 g eingelegter Ingwer
Salz, Pfeffer aus der Mühle
gemahlener Koriander
Cayennepfeffer

Lachsforellen-Tatar

Die filetierte und entgrätete Lachsforelle in kleine Würfel schneiden. Schalotte und Schnittlauch ebenfalls in brunoise (in feine Würfel) schneiden, die Schale der Zitrone dazureiben.

Für die Grund-Vinaigrette Essig mit Salz, Zucker, Senf und Pfeffer vermischen und dann das Öl einrühren. (Diese Basis-Vinaigrette dient zum Marinieren von Gemüse und Salat und kann beliebig mit intensiven Ölen oder Aromen erweitert werden.)

Alle Zutaten gut miteinander verrühren, mit Sesamöl, Grund-Vinaigrette und Maldonsalz abschmecken und in der gewünschten Form anrichten. Am besten eignen sich runde Ausstecher, die mit dem Tatar gefüllt und dann einfach abgezogen werden.

ZUTATEN FÜR 4 PORTIONEN:

300 g Lachsforelle
1 große Schalotte
10 g Schnittlauch
etwas Zitronenschale
2 EL Grund-Vinaigrette
einige Tropfen Sesamöl
1 EL gehackte Kräuter (Petersilie, Dill, Kerbel, Estragon)
1 Prise Maldon-Salz (grobes Meersalz)

FÜR DIE GRUND-VINAIGRETTE:

300 ml neutrales Pflanzenöl
100 ml Sherryessig oder milder Weinessig
20 g Salz
1 TL scharfer Senf
Prise Zucker
etwas Pfeffer aus der Mühle

Marinierter Saibling und Bodenseefelchen auf Apfel-Gurkensalat

Zutaten für 6 Portionen:

6 Felchenfilets (Reinanke)
6 Saiblingfilets

Für die Marinade:
150 ml Weißwein-Essig
200 ml kalt gepresstes Olivenöl
3 Lorbeerblätter
2 Nelken
30 g Schalotten in Ringe geschnitten
50 g dünne Karottenblumen
10 g Korianderkörner
20 g brauner Zucker
Salz, Pfeffer, Cayennepfeffer

Für den Apfel-Gurkensalat:
2 Äpfel
1 Gartengurke
50 ml Natur-Joghurt
1 EL Grund-Vinaigrette (s. S. 83)
Salz, Pfeffer, Muskat und gehackte Kräuter

Filets waschen, trockentupfen und mit einem scharfen Messer filetieren. Die bauchseitigen Gräten schön abschneiden, die restlichen mit einer Pinzette zupfen. Die Felchenfilets mit Salz, Cayennepfeffer und weißem Pfeffer aus der Mühle würzen und auf der Hautseite mit etwas braunem Zucker bestreuen.

Aus Essig, Olivenöl, Lorbeerblättern, Nelken, Korianderkörnern, Schalotten und Karottenblumen ca. 20 Minuten auf kleiner Hitze köcheln, bis eine aromatische Marinade entsteht. Heiß über die Filets gießen und darin 12 Stunden ziehen lassen. Wenn es sich um größere, dickere Filets handelt, können die mit der Marinade übergossenen Filets unter dem Salamander oder bei kräftiger Oberhitze noch kurz nachgegart werden.

Gurken und Äpfel würfelig schneiden, mit Vinaigrette, Joghurt und Kräutern mischen, salzen und pfeffern.

TIPP Koriander und Pfeffer können Sie auch im Mörser zerstoßen. Noch aromatischer werden die Gewürze, wenn diese zuvor kurz trocken angeröstet werden.

Marinierter Bodenseehecht mit Kräuterpolenta und Rucola

Hechtfilet sauber zuputzen. Aus Wasser, Weißwein und den Gewürzen einen Fond aufsetzen. Den Hecht einlegen und solange pochieren, bis er sich leicht von den Gräten löst. Nicht zu lange pochieren. Hecht wird gerne trocken und spröde, wenn er zu lange gegart wird.
Dann von den Gräten zupfen. Dabei bitte sehr sorgfältig vorgehen. Mit Grund-Vinaigrette, frischen Kräutern und Olivenöl marinieren und nötigenfalls noch etwas abschmecken.

Für die Polenta Sahne und Fischfond aufkochen, die Polenta einrühren und unter ständigem Rühren garen. Mit Olivenöl und Kräutern abschmecken. Sollte sie zu fest werden, noch etwas Flüssigkeit nachgeben. Nun einen Rucolakranz anrichten, in die Mitte der Teller etwas Polenta geben und auf der heißen Polenta den marinierten Hecht anrichten.

ZUTATEN FÜR 4 PORTIONEN:

FÜR DIE KRÄUTERPOLENTA:
100 g Polenta
80 ml Sahne
80 ml Fischfond (s. S. 43)
frische Gartenkräuter, Olivenöl
Salz, Pfeffer, Muskat

FÜR DEN HECHT:
300 g Hechtfilet
100 g Wurzelgemüse
125 ml Weißwein
1 l Wasser
4 EL Grund-Vinaigrette (s. S. 83)
kalt gepresstes Olivenöl
nach Belieben gehackte Kapern
Lorbeerblätter, Fenchelsamen, Koriander
Salz, Pfeffer, Cayennepfeffer
einige Tropfen Pernod

FÜR DEN SALAT:
frische Rucola
6 EL Grund-Vinaigrette (s. S. 83)

Mini-Clubsandwich mit marinierten Felchen und Guacamole

Toastbrot quadratisch zuschneiden und dann diagonal in 4 gleich große Dreiecke teilen. In Olivenöl anrösten und wie folgt aufbauen: Zuerst ein Toastdreick, dann etwas Guacamole, dann ein Stückchen Felchen, gefolgt von einem weiteren Toastdreieck, darauf wiederum Gurken- und Tomatenscheibe, ein Stückchen Felchen, dann den Speck und etwas Rucola. Dann mit einem Toastdreieck abdecken und leicht andrücken. Das Ganze dann klassisch mit einem kleinen Holzspieß oder Zahnstocher fixieren. Auf die Spitze setzen Sie noch eine Kirschtomate – und fertig!

ZUTATEN FÜR 6 PORTIONEN:

6 Scheiben Toastbrot
6 Gurkenscheiben
6 Tomatenscheiben
3 marinierte Felchenfilets (s. S. 76)
1 kleine Zwiebel
6 gebratene Speckscheiben
150 g Guacamole (s. S. 77)
Rucola
6 Kirschtomaten

Forellenkaviar mit Reibeküchle und Sauerrahm

Kartoffeln fein reiben, ausdrücken, mit Crème fraîche und Ei mischen und mit Salz, Pfeffer und Muskat abschmecken. Butterschmalz in einer beschichteten Pfanne erhitzen, mit einem Löffel kleine Häufchen in die Pfanne setzen, leicht flachdrücken und auf beiden Seiten goldbraun anbraten.

Mit Küchenkrepp abtupfen und heiß mit Sauerrahm und Kaviar servieren.

ZUTATEN FÜR 6 PORTIONEN:

150 g geschälte,
mehlige Kartoffeln
1 Ei
50 g Crème fraîche
Salz, Pfeffer, Muskat
Butterschmalz zum Ausbacken
100 g Sauerrahm
60 g Forellenkaviar

„Plattlan“ mit Kärntner Kaviar

Germ in der zimmertemperierten Milch und Buttermilch auflösen. Mehl und Salz einrühren und daraus einen weichen, elastischen Teig zubereiten, der gerade so geschmeidig ist, dass man mit einem Löffel daraus kleine Krapfen oder „Plattlan“ (Plättchen) stechen kann.
Die „Plattlan“ werden mit möglichst feuchten Händen von der Mitte weg so auseinandergezogen, dass der Teig in der Mitte hauchdünn wird, während rundherum ein dicker Teigwulst entsteht.
„Plattlan“ nunmehr in reichlich Fett und Butterschmalz schwimmend ausbacken und – noch in lauwarmem Zustand – in der Mitte mit jeweils einem Löffel Sauerrahm füllen, auf den man ein Löffelchen Forellen- oder Saiblingskaviar setzt.

ZUTATEN FÜR 6-8 PORTIONEN:

20 g Germ (Hefe)
200 ml Milch
100 ml Buttermilch
250 g Vollweizenmehl
Pflanzenöl und Butterschmalz im Verhältnis 3:1 zum Ausbacken
125 ml Sauerrahm
120 g Forellen- oder Saiblingskaviar
Salz

Spargel-Krebsen-Sandwich mit Wiesenkräutersalat

Weißen Spargel schälen, binden und in einem Sud aus Wasser, Zitrone, Weißwein, Salz, Zucker und Butter ca. 13 Minuten kochen. In Eiswasser abschrecken. Den grünen Spargel nur wenn nötig im hinteren Bereich – so ca. ab der Hälfte vom Spargelkopf aus gerechnet – abschälen und in kräftig gesalzenem Wasser für ca. 10 Minuten kochen, abhängig von der Dicke des Spargels kann es auch kürzer sein. Ebenfalls in Eiswasser abschrecken. Safran mit etwas Weinessig in einem Löffel 5 Minuten ziehen lassen und dann mit fein gehacktem Knoblauch, Mayonnaise und Crème fraîche zu einer herrlich gelben, und zart nach Knoblauch schmeckenden Sauce verrühren. Spargel in Stücke schneiden, mit dem ausgelösten Krebsenfleisch und mit der Safran-Mayonnaise vermischen.

Nudelteig dünn ausrollen, Quadrate von 8 cm ausschneiden und diese in sehr heißem Fett kurz knusprig ausbacken. Nun die Krebs-Spargel-Mischung zwischen die Blätter – mindestens 3 – füllen dann sieht das so richtig gut aus.

Für die Marinade Weinessig, Distelöl, Olivenöl, Dijonsenf, Salz und Pfeffer mischen. Den Blattsalat mit den Wiesenkräutern vermengen, marinieren und mit dem Sandwich servieren.

ZUTATEN FÜR 6 PORTIONEN:

300 g weißer Spargel
300 g grüner Spargel
100 g ausgelöste Flusskrebse
60 g Mayonnaise (s. S. 54)
etwas Safran
30 g Crème fraîche
200 g fertiger Nudelteig
Pflanzenfett zum Frittieren
Blattsalat
Wiesenkräuter
20 ml Weinessig
30 ml Distelöl
60 ml natives Olivenöl
1 TL Dijonsenf
Salz, Pfeffer

TIPP Verwenden Sie frische Kräuter und Blüten als Garnitur! Sie können auch aus Bärlauch, Pinienkernen, Parmesan und Olivenöl ein perfektes, grün leuchtendes Pesto aufmixen und damit das Sandwich noch zusätzlich aromatisieren.

Fisch

küche

POCHIEREN

Bodenseefisch-Terrine dreifärbig

Hecht- und Lachsforellenfleisch würfelig schneiden und mit Salz, Pfeffer, Cayennepfeffer sowie Pernod und Noilly Prat marinieren. Ca. 1 Stunde kaltstellen. Dann kurz cuttern, das Ei dazugeben und nochmals cuttern. Anschließend nach und nach die Hälfte der Sahne eincuttern (genaue Anleitung siehe S. 102). Die Farce wieder kaltstellen und etwas ruhen lassen. Dann durch ein Sieb passieren und auf Eis die restliche Sahne einarbeiten. Die Farce dritteln, ein Drittel mit Safran, der zuvor in lauwarmem Essigwasser gezogen hat, einfärben, ein Drittel natur lassen und das dritte Drittel mit den fein gehackten Kräutern und dem gehackten Spinat nochmals ancuttern, bis die Farce schön grün ist.

Nun in drei Schichten in eine gebutterte oder mit Klarsichtfolie ausgelegte Form streichen und im Ofen – im Wasserbad – ca. 1 Stunde pochieren. Dabei sollte die Wassertemperatur 80° C nicht überschreiten.

Die Terrine schmeckt lauwarm hervorragend mit frischen Blinis (s. S. 74) und Sauerrahm, der nur mit Felchen- oder Forellenkaviar verrührt wurde. Natürlich kann sie auch kalt mit Salat gereicht werden.

Zutaten für 1 Terrine:

Für die Fischfarce:

500 g Hechtfleisch
250 g Lachsforellenfilet
1 EL Pernod
4 EL Noilly Prat (französischer Wermut)
2 Eier
600 ml Sahne
Salz, Pfeffer, Cayennepfeffer

Zum Einfärben:

1 TL Safranfäden
1 TL Weißweinessig
1 EL lauwarmes Wasser
2 EL gehackte Kräuter (Petersilie, Estragon, Kerbel)
50 g blanchierter und in Eiswasser abgeschreckter Spinat

Flusskrebse mit Gartengurken und Dill

Weißweinsud zum Kochen bringen und Flusskrebse darin 3–4 Minuten kochen. Ausbrechen und das Schwanz- und Scherenfleisch beiseite stellen.

Aus der Gurke mit dem Parisienne-Ausstecher schöne Perlen ausstechen und in kräftigem Salzwasser kurz blanchieren. Den Rest der Gurke im Mixer mit einer Knoblauchzehe und etwas Salz pürieren und in einem feinen Sieb etwas Saft ablaufen lassen. Mit Beurre blanc vermischen, aufkochen, mixen und abpassieren. In diese Sauce nun die Gurkenperlen, den Dill und das Krebsenfleisch geben und erwärmen.

Heiß mit gedämpften Kartoffeln servieren.

ZUTATEN FÜR 6 PORTIONEN:

FÜR DIE KREBSE:

24 Krebse
2 l Weißweinsud (s. S. 46)

FÜR DIE GURKEN:

1 Gartengurke
1 Knoblauchzehe
200 ml Beurre blanc (s. S. 51)
1 EL gehackter Dill

Sülze von Edelfischen und Krebsen

Die Gelatine in kaltem Wasser einweichen. Weißwein und Noilly Prat in einer Kasserolle aufkochen und 2–3 Minuten kochen lassen, damit der Alkohol verfliegt. Vom Herd nehmen. Die ausgedrückte Gelatine darin auflösen, den Fischfond zugießen, durchrühren und alles durch ein feines Sieb gießen. Die Gemüsewürfel mit Wasser, Essig und Estragon in einem kleinen Topf aufkochen, bis sie ganz weich sein. Den Estragon entfernen.

Die verschiedenen Fischfilets in Würfel von etwa 2 cm Kantenlänge schneiden und diese in siedendem Salzwasser oder Fischfond etwa 2 Minuten garen. Auf einem Tuch abtropfen lassen, mit Salz und Pfeffer würzen. Die gekochten Krebsschwänze ausbrechen, die Därme entfernen, Fisch und Krebsschwänze zugedeckt kühlstellen.

Eine Terrinenform von 3/4 Liter Inhalt chemisieren (mit Gelee überziehen) und in den Kühlschrank stellen. Die Gemüsewürfel in den flüssigen Aspik mischen, mit Salz und Pfeffer abschmecken. Die Form aus dem Kühlschrank nehmen. Mit Fisch- und Krebsschwänzen auslegen, dazwischen immer wieder mit Gemüseaspik auffüllen und zwischendurch ziehen lassen. Die gefüllte Form für etwa 8 Stunden in den Kühlschrank stellen. Zum Anrichten den Salat putzen, waschen und trockenschleudern. Essig mit Salz und Pfeffer vermischen, das Sonnenblumenöl unterschlagen. Schalottenwürfel und geschnittenen Schnittlauch zugeben. Nur die Herzblätter der beiden Salatköpfe nehmen, in mundgerechte Stücke zupfen und in der Vinaigrette anrichten. Die Sülze portionsweise mit dem Salat servieren.

Zutaten für 4 Portionen:

100 g Lachsforellenfilet
3 Zanderfilets á 120 g
16 gekochte Krebse
1/2 l Fischfond (s. S. 43)
6 Blatt Gelatine
30 g Karotten, 30 g Sellerie
20 g Lauch, 20 g Schalotten
alles in feine Würfelchen geschnitten
1 Stängel Estragon
50 ml trockener Weißwein
20 ml Noilly Prat (franz. Wermut)
150 ml Wasser
20 ml Weinessig
Salz, Pfeffer

Für den Salat

1 kl. Kopf Frisée
1 kl. Kopf Eichblattsalat
2 EL Weißwein- oder Estragonessig
5 EL Sonnenblumenöl
1 kl. fein gewürfelte Schalotte
1 kl. Bund Schnittlauch
Salz, Pfeffer aus der Mühle

Forelle blau mit schaumiger Butter

Zunächst den Sud aufsetzen: Alle Zutaten erhitzen und 20 Minuten heftig kochen lassen. Die Karotten dazu in Scheiben, die Zwiebel in Ringe und den Lauch in kleine Stücke schneiden, die Korianderkörner in einer Mühle mahlen. Anschließend den Sud durchseihen und wieder aufsetzen, am besten in einem Fischkochtopf mit Einsatz zum Herausheben der Fische.

Die Fische ausnehmen und abwaschen, dabei so wenig wie möglich anfassen, damit der Schleim, der die Fische umgibt, nicht zerstört wird – er sorgt schließlich später für die schöne blaue Farbe. Die fertig präparierten Fische mit dem Essig übergießen. Das Innere salzen, die Fische in den Sud legen und 4 Minuten pochieren, ohne sie aufkochen zu lassen.

In der Zwischenzeit die Butter schaumig schlagen. Dazu die Butter so weit erwärmen, dass sie weich wird, ohne zu schmelzen. Nun mit dem Schneebesen oder dem Handmixer 10 Minuten schlagen, bis aus der Butter eine weiche, weiße Creme geworden ist. Jetzt den Saft einer halben Zitrone einschlagen, mit Pfeffer und Salz abschmecken und in einer leicht vorgewärmten Sauciere anrichten.
Die Forellen vorsichtig aus ihrem Sud heben, abtropfen lassen und auf eine mit einer Serviette ausgelegte Platte gleiten lassen. Mit den halbierten Zitronen und einem Petersiliensträußchen garnieren. Unverzüglich auftragen. Dazu die Sauce und die Dampfkartoffeln reichen.

Zutaten für 4 Portionen:

4 Forellen à 250-300 g
40 ml Weinessig
250 g Butter
2 Zitronen
1 Bund krause Petersilie
gedämpfte Kartoffeln als Beilage
Pfeffer, Salz

für den Sud:

2 l Wasser
250 ml trockener Weißwein
1 Karotte
1 Zwiebel
100 g Lauch
1 Kräutersträußchen
Korianderkörner
Pfefferkörner
1 Gewürznelke
Salz

Gefüllte Zucchiniblüten mit Krebsen im Safransud

Die Fischfilets in Würfel schneiden, mit Salz, Pfeffer, Cayennepfeffer und ein paar Tropfen Pernod und Noilly Prat würzen. Cuttern, dann das Ei dazugeben und nochmals kurz durchcuttern, bis die Masse bindet. Dann die Sahne nach und nach eincuttern (genaue Anleitung siehe S. 102). Blüten damit füllen.
Die Zucchiniblüten vor dem Füllen mit der Farce stets auf etwaige Tierchen untersuchen und gegebenenfalls säubern. Die gefüllten Blüten in eine ausreichend große Sauteuse (Schwenkpfanne) mit Deckel geben, die zuvor mit weicher Butter ausgestrichen wurde. Zugedeckt ca. 5 Minuten im Dampf des Fischfonds garen.

Flusskrebse in Weißweinsud 3–4 Minuten abkochen, Krebsfleisch auslösen und zusammen mit den fein geschnittenen Schalotten in Olivenöl kurz durchschwenken. Safran, Zitrone, Kräuter, gehackten Knoblauch und Fischfond und/oder Weißwein beigeben, die Butter einrühren und bis zum Servieren warmstellen.

ZUTATEN FÜR 6 PORTIONEN:

FÜR DIE FÜLLUNG:
250 g Bodenseefisch-Filets (Zander, Hecht, Lachsforelle eignen sich am besten)
1 Ei, 200 ml Sahne
100 g knusprig geröstete Weißbrotwürfelchen
Noilly Prat (französischer Wermut), Pernod
12 Zucchiniblüten
Fischfond zum Dämpfen
etwas frische Butter
Salz, Pfeffer, Cayennepfeffer

FÜR DIE KREBSE:
12 schöne Krebse
40 g Schalotten
50 ml natives Olivenöl
1 l Weißweinsud
20 ml Fischfond **(s. S. 43)** oder Weißwein
50 g Butter, Knoblauch
frisch gehackte Kräuter
Safran, Salz, Zitrone

Gesulzter Wurzelkarpfen

Die Karpfenfilets zunächst gut entgräten, entschuppen und kräftig mit Salz einreiben. Dann ziemlich stark mit Essig aromatisiertes Salzwasser zum Kochen bringen, die Fischfilets damit übergießen und den Karpfen darin – nicht am Feuer – mindestens 20 Minuten ziehen lassen.

Währenddessen werden die in grobe Stücke zerteilten Zwiebeln, das in Streifen geschnittene Wurzelwerk sowie die in ein Leinensäckchen oder Teebeutelchen gebundenen Gewürze eine gute halbe Stunde lang in Salzwasser gekocht. Danach den Karpfen aus dem Essigwasser heben und in diesem Sud etwa 15 Minuten knapp unter dem Siedepunkt ziehen lassen. Sobald der Karpfen fertig gegart ist, herausheben, eventuell nochmals entgräten und die Haut – je nach Vorliebe – entfernen oder dranlassen. Bevor der Sud nun bei starker Hitze auf etwa 1/2 Liter einreduziert (eingekocht) wird, werden die Gemüsestreifchen herausgenommen und beiseite gestellt sowie das Gewürzsäckchen und die Zwiebeln entfernt.

Zutaten für 6 Portionen:

500 g Karpfenfilet mit Haut
2 Zwiebeln
1 Bund Wurzelwerk
12 Blatt Gelatine
3 hart gekochte Eier
gekrauste Petersilien- und Kerbelblätter
Pfefferkörner
Lorbeerblatt
Essig
Salz

Hat sich der Sud auf die gewünschte Menge reduziert, so werden die in kaltem Wasser eingeweichten Gelatineblätter ausgedrückt, im Sud aufgelöst und dieser daraufhin kaltgestellt. In eine passende Form oder Schüssel etwas überkühlten Sud eingießen und an einem kühlen Ort (Kühlschrank) anstocken lassen. Zieht das Gelee an, so werden in der Form die in Scheiben geschnittenen Eier sowie die Kräuterblätter drapiert und mit etwas Sud zugedeckt, den man abermals etwas anziehen lässt. Nun die Karpfenstücke und die Wurzelstreifen in der Form verteilen, mit dem restlichen Sud begießen und über Nacht bzw. 12 Stunden kaltstellen. Vor dem Stürzen empfiehlt es sich, die Form kurz in heißes Wasser zu tauchen.

Hechtnockerl mit Safran-Erbsenreis

Zutaten für 6 Portionen:

Für die Hechtnockerl:
300 g Hechtfleisch
1 El Pernod
3 EL Noilly Prat (franz. Wermut)
1 Ei
300 ml Sahne
Salz, Pfeffer, Cayennepfeffer

Für den Safran-Erbsenreis:
180 g Basmatireis
30 Safranfäden
30 g Butter
150 g junge Erbsen, in kräftigem Salzwasser blanchiert

Hechtfleisch würfelig schneiden und mit Salz, Pfeffer, Cayennepfeffer sowie Pernod und Noilly Prat marinieren. Ca. 1 Stunde kaltstellen. Dann kurz cuttern, das Ei dazugeben und nochmals cuttern (siehe Tipp und rechts). Anschließend nach und nach die Hälfte der Sahne eincuttern. Die Farce wieder kaltstellen und etwas ruhen lassen. Dann durch ein Sieb passieren und auf Eis die restliche Sahne einarbeiten.

Schöne Nockerl in kochendes Salzwasser abstechen und 10 Minuten pochieren. Den Basmati-Reis in reichlich kräftig gesalzenem Wasser weich kochen, abschütten, Safranfäden, die frisch blanchierten Erbsen und Butterstückchen darübergeben und zugedeckt 2–3 Minuten ziehen lassen. Durchmischen und mit den Hechtnockerln servieren. Als Sauce passt ausgezeichnet Basilikumschaum (s. S. 50).

TIPP Für die Herstellung einer Fischfarce benötigt man einen professionellen „Cutter“, also ein entsprechendes Gerät, das die Fischstücke mit einem rotierenden Messer „cuttert“. Eventuell kann auch ein Standmixer oder ähnliches Gerät mit scharfem Messer verwendet werden (bei Bedarf den Fisch portionsweise zerkleinern).

Zubereitung Hechtfarce

Fischfilet in Würfel schneiden, mit Salz, Pfeffer, Cayenne würzen und mit Pernod und Noilly Prat marinieren

2 | Ancuttern, Ei dazugeben, nochmals kurz cuttern bis das Ei aufgenommen ist und dann etwas Sahne eincuttern

3 | Durch ein mittelfeines Sieb streichen

| Sieb wenden

5 | Durchgestrichene Farce mit einer Teigkarte von der Unterseite des Siebes abnehmen

6 | Nun die restliche Sahne nach und nach in die Farce einrühren

In Kräuteröl pochierter Alpenlachs auf Topinamburpüree mit Fèven

Das Öl mit den Gewürzen und Kräutern auf ca. 75°C erhitzen, die Fischstücke darin je nach Größe zwischen 6–10 Minuten pochieren, herausnehmen und die Haut abziehen.

Für das Topinamburpüree diese schälen, in Stückchen scheiden und mit Sahne und Butter weich kochen. Mixen und mit Salz, Pfeffer und Muskat abschmecken.

Die Fèven einfrieren und nach einer Stunde mit kochendem Wasser übergießen. Jetzt lassen sie sich leicht aus dem Häutchen drücken. Kurz in Salzwasser blanchieren und mit Sahne, Butter und Petersilie aufkochen. Mit Salz, Pfeffer und Muskat abschmecken.

Den pochierten Alpenlachs auf dem Topinamburpüree anrichten, mit Fèven umkränzen und sofort servieren.

ZUTATEN FÜR 6 PORTIONEN:

600 g Filet vom Alpenlachs
1 l kalt gepresstes Olivenöl
Basilikum, Zitronenthymian, Lorbeerblatt, Pfefferkörner und etwas Zitronenschale

FÜR DAS TOPINAMBURPÜREE:

200 g Topinambur
100 ml Sahne
40 g Butter
Salz, Pfeffer, Muskat

FÜR DIE FÈVEN:

100 g Fèven (Sau- oder Puffbohnen)
50 ml Sahne
40 g Butter
frische, gehackte Petersilie
Salz, Pfeffer, Muskat

Murtaler Huchenpudding anno 1890

Die Fischfilets enthäuten und wirklich gut entgräten. In einem Topf genügend viel Salzwasser mit einem Schuss Essig oder Weißwein zum Kochen bringen und die Fischfilets darin 15 bis 20 Minuten garziehen lassen.

Die Filets herausheben, abtropfen und auskühlen lassen. Sobald der Fisch erkaltet ist, kann er in kleine, mundgerechte Stückchen geteilt werden. Butter in einer Kasserolle aufschäumen lassen, Mehl einrühren, kurz durchrösten und langsam mit Milch aufgießen. Hat die Béchamelsauce eine ziemlich dickliche Konsistenz erreicht, vom Feuer nehmen und ebenfalls auskühlen lassen. Das Eidotter vom Eiklar trennen, die Dotter in die erkaltete Béchamelsauce einrühren und aus dem Eiklar einen festen Schnee schlagen.

Nun die Béchamelsauce, die Fischwürfel sowie den Eischnee behutsam miteinander vermengen und mit Salz, frisch gemahlenem Pfeffer und Muskatnuss würzen. Eine feuerfeste Auflaufform gut mit Butter ausstreichen, mit Semmelbröseln bestreuen und mit der Masse füllen. Eine größere Bratenpfanne etwa zur Hälfte mit Wasser füllen, die Auflaufform hineinsetzen und im auf 180 °C vorgeheizten Backrohr etwa eine halbe Stunde garen. Mit grünem Blattsalat oder Tomatensalat servieren.

Zutaten für 6–8 Portionen:

500–700 g Huchenfilets
Schuss Essig oder Weißwein
2–3 EL Mehl
2–3 EL Butter
ca. 120–150 ml Milch
3 Eier
Salz
Pfeffer aus der Mühle
Muskatnuss
Butter und Semmelbrösel für die Form

TIPP Statt des – leider nur noch selten erhältlichen – Huchens kann dieses Rezept auch mit Zander, Lachsforelle oder Hecht zubereitet werden.

Szegediner Gulasch vom Bodenseewels

Das Filet entgräten, Haut mit einem scharfen Messer entfernen und aus den Zutaten einen Sud zubereiten, in dem der Wels zu gegebener Zeit pochiert wird. Das macht man erst kurz vor dem Anrichten, die Garzeit der Welsstücke beträgt nur 3–4 Minuten.

Sauerkraut in einen ausreichend großen Topf geben, Weißwein, Gemüsebrühe, Apfelsaft und die Gewürze beigeben und dann 45 Minuten dünsten. Das Kraut nochmals abschmecken und fein geriebene Kartoffeln dazugeben. Schon nach kurzer Zeit binden diese das Kraut leicht. So ist es dann fertig zum Anrichten.

Paprika halbieren, entkernen und die weißen Häutchen entfernen. Dann grob würfeln. Die Zwiebel mit dem Lauch in Butter anschwitzen und dann die Paprikawürfel beigeben. Dünsten. Mit Salz, wenig Cayennepfeffer und einem Spritzer Zitrone abschmecken. Weißwein und Gemüsefond beigeben und 5 Minuten köcheln. Dann die Sahne dazugeben und wieder 5 Minuten köcheln lassen. Mixen und durch ein Sieb passieren. Mit etwas kalter Butter bindig rühren und mit dem Mixstab aufschäumen.

Die pochierten Fischstücke auf Sauerkraut anrichten, mit dem Paprikaschaum umkränzen und mit Sauerrahm und Petersilie garnieren.

ZUTATEN FÜR 6 PORTIONEN:

FÜR DEN WELS:
600 g Welsfilet
150 g Wurzelgemüse
4 cl Weißweinessig
250 ml Weißwein, 1 l Wasser
Salz, Pfefferkörner, Zitrone
Fenchelsamen, Koriander

FÜR DIE PAPRIKASAUCE:
250 ml Paprikaschaumsauce (s. S. 53)
2 mittelgroße, rote Paprikaschoten
50 g Zwiebel, geschält und würfelig geschnitten
50 g Lauch (nur gelb und weiß), ebenfalls geschnitten
30 ml trockener Weißwein
50 ml Sahne
30 ml Gemüsefond (s. S. 44)
Salz, Pfeffer, Cayennepfeffer

FÜR DAS SAUERKRAUT:
600 g Sauerkraut
200 ml Apfelsaft, 120 ml Weißwein
100 g Gemüsebrühe
2 mehlige Kartoffeln
Pfeffer aus der Mühle, Wacholderbeeren, Lorbeerblätter, Salz

Pot au Feu von Bodensee-fischen mit Hechtnockerl

Die Fischstücke in wenig Fischfond pochieren, den Rest des Fonds für das Servieren erhitzen und gut abschmecken. Die Hechtnockerl aus der Hechtfarce (genaue Anleitung siehe S. 102) so klein wie möglich abstechen und in Weißweinsud oder kräftig gesalzenem Wasser pochieren. Die Fische und Hechtnockerl auf die Teller verteilen, mit Tomatenwürfeln, blanchiertem Gemüse, Kräutern und Safran schön anrichten und mit der heißen Fischsuppe übergießen.

TIPP Knusprige Weißbrot-Croûtons und Safran-Aioli (s. S. 56) passen hervorragend dazu!

ZUTATEN FÜR 6 PORTIONEN:

600 g Fischfilets (Aal, Felchen/Reinanke, Egli/Flussbarsch, Lachsforelle, Zander)
600 ml Fischfond, gut abgeschmeckt (s. S. 43)

FÜR DIE HECHTNOCKERL:

500 ml Weißweinsud (s. S. 46)
150 g Hechtfarce (s. S. 102)

FÜR DIE GARNITUR:

80 g Würfel von enthäuteten Tomaten
einige Safranfäden
frische Kräuter

Welssalat mit frischen Gartenkräutern

Die vorbereiteten Filets in schöne Stücke schneiden und in Weißwein-Essig-Sud oder leicht gesalzenem Wasser garziehen und dann abkühlen lassen. Die Karotten putzen, in feine Streifen schneiden und kurz blanchieren. Die Welsstückchen mit geschnittenen Frühlingszwiebeln den Karottenstreifen sowie den Löwenzahn-, Sauerampfer- und Radicchioblättern vermischen.

Den Salat vor dem Servieren gut durchkühlen lassen. Aus den Saucen-Zutaten eine Salatsauce rühren und über den Salat träufeln.

Zutaten für 6–8 Portionen:

Für den Wels:

350 g Filet vom Wels
500 ml Weißwein-Essig-Sud (s. S. 45)
80 g frische Karotten
60 g Löwenzahn
60 g Sauerampfer
1/2 Kopf Radicchio
60 g Frühlingszwiebeln

Für die Sauce:

1 EL Balsamicoessig
2 EL Weißwein
4 EL feines Olivenöl
2 EL gehackte Kräuter
1/2 TL abgeriebene Schale von einer unbehandelten Zitrone
1/2 TL Salz

Welsfilet auf geschmortem Lauch mit Balsamico-Schalottensauce

Das Welsfilet in ca. 3–4 cm große Stücke schneiden. Salzen, pfeffern und in der Hälfte der Butter zart anbraten. Die Filets aus der Pfanne nehmen und warmstellen. Den Bratensatz mit der restlichen Butter lösen, darin die Schalotten und die Wiesenkräuter kurz schwingen, Tomaten beigeben und mit einem Spritzer Zitrone abschmecken. Den Lauch zuputzen und der Länge nach halbieren. 3 Minuten in Salzwasser blanchieren. Dann in Eiswasser abschrecken und gut abtropfen lassen. In Olivenöl anbraten, vom Herd ziehen und zugedeckt kurz schmoren lassen.

Für die Sauce die Schalotten mit dem Balsamicoessig und dem Sherryessig auf die Hälfte einreduzieren, dann den Fischfond beigeben und wieder auf die Hälfte reduzieren. Mit kalter Butter montieren.

Den Lauch anrichten, die Welstückchen darübergeben und mit der aufgeschäumten Kräuterbutter überziehen. Wenig von der Sauce auf die Teller geben und heiß servieren.

ZUTATEN FÜR 4 PORTIONEN:

FÜR DEN WELS:

400 g Welsfilet
80 g frische Butter
2 EL frisch gehackte Wiesenkräuter (Sauerampfer, Löwenzahn, Bärlauch, Spitzwegerich)
2 enthäutete Tomaten
1 EL gehackte Schalotten
Spritzer Zitrone
Salz, weißer Pfeffer aus der Mühle

FÜR DIE SAUCE:

100 g Schalotten
200 ml Balsamicoessig
20 ml Sherry-Essig
200 ml Fischfond (s. S. 43)
30 g kalte Butter
Salz, Pfeffer aus der Mühle

FÜR DEN LAUCH:

2 Bund Frühlingslauch
40 g Olivenöl
Salz, Pfeffer, Muskat

Fisch

Küche

DÜNSTEN, DÄMPFEN & SCHMOREN

Alpenlachs in der Folie

Den Alpenlachs innen mit Salz würzen. Die geschälten Kartoffeln in Scheiben schneiden und in Salzwasser etwa 6–8 Minuten vorkochen. Tomaten kurz in siedendes Wasser tauchen, schälen, entkernen und in Spalten schneiden.

Die geputzten Steinpilze je nach Größe vierteln oder in kleinere Stücke teilen. Butter schmelzen und damit ein passendes Stück Alufolie bestreichen. Einige Tomatenscheiben, Pilze und Kartoffelscheiben auflegen und mit Salz und frisch gemahlenem Pfeffer würzen. Etwas von den gehackten Kräutern darüberstreuen, Knoblauch darüberpressen und den Alpenlachs darauflegen. Restliche Zutaten über den Fisch verteilen, noch etwas flüssige Butter darüberträufeln und die Folie gut verschließen, damit keine Flüssigkeit austreten kann.

Am besten in eine feuerfeste Form oder auf ein Backblech legen und im gut vorgeheizten Backrohr bei 180 °C je nach Größe 35–40 Minuten garen. Der Effekt ist natürlich perfekt, wenn Sie den ganzen Fisch in der Folie auftragen und erst bei Tisch filetieren – das herausströmende Aroma beim Öffnen der Folie ist schon das halbe Vergnügen.

ZUTATEN FÜR 4-6 PORTIONEN:

1 großer Alpenlachs
à ca. 600-800 g
300 g Kartoffeln
2 reife Tomaten
300 g Steinpilze
3 EL Butter
2 Knoblauchzehen
gemischte Kräuter wie Estragon,
Kerbel und Thymian
Salz, Pfeffer

Fischpörkölt mit Tschipetke (Csipetke)

Die mit einer Pinzette sorgfältig entgräteten Fische in mundgerechte Stücke schneiden, salzen und leicht bemehlen. In einer Pfanne kurz in 1–2 EL Butterschmalz allseitig anbraten, gleich wieder aus der Pfanne heben und in einem zugedeckten Topf beiseite stellen. Das restliche Schmalz in die Pfanne geben und darin die fein gehackten Zwiebeln etwa fünf Minuten auf kleiner Flamme dünsten lassen. Gehackten Knoblauch kurz mitschmoren, mit Majoran abschmecken und abseits der Herdplatte paprizieren.

Pfanne wieder auf den Herd zurückstellen und gehäutete, entkernte und gewürfelte Tomaten sowie die in Streifen geschnittene Paprikaschote dazugeben. Mit Fischfond oder Gemüsesuppe aufgießen und ca. 40 Minuten lang einkochen (bei Bedarf noch etwas Flüssigkeit nachgießen), bis sich eine sämige Sauce gebildet hat. Mit etwas scharfem Rosenpaprika abschmecken. Die Fischstücke wieder dazugeben und noch ca. 5–6 Minuten lang auf kleiner Flamme gardünsten.

In der Zwischenzeit für die Tschipetke aus Mehl, Ei, und Salz einen festen Teig kneten und diesen auf einem bemehlten Brett etwa 2 mm dünn ausrollen. Dann mit bemehlter Hand in unregelmäßige Teigstücke von Fingernagelgröße zupfen und in kochendem Salzwasser etwa 2–3 Minuten kochen. Abseihen und als Beilage zum Fischpörkölt servieren.

Zutaten für 4-6 Portionen:

800 g Fischfilets (von Wels, Zander, Karpfen, Hecht, Aal o. ä.)
4 EL Butter-Schmalz
800 g Zwiebeln
3 Knoblauchzehen
1 KL frischer Majoran
2 EL Delikatesspaprika
3 mittelgroße Tomaten (oder eine kleine Dose geschälte Tomaten)
1 rote Paprikaschote
300 ml Fischfond (s. S. 43) (bzw. Gemüsesuppe oder Weißwein)
1 Prise scharfer Rosenpaprika
etwas Mehl
Salz, Pfeffer aus der Mühle

Für die Tschipetke:

80 g Mehl
1 Ei
Salz
Mehl für die Arbeitsfläche

Gefüllte Minipaprika mit Tomatensauce

Zuerst die Sauce ansetzen. Den Strunk der Tomaten entfernen, häuten (indem man sie für 10 Sekunden in kochendes Salzwasser taucht und in Eiswasser abschreckt) und grob würfeln. Die fein geschnittene Zwiebel mit dem Knoblauch in Olivenöl anrösten, Tomaten dazugeben und mit Salz, Pfeffer, Cayennepfeffer und etwas Olivenöl abschmecken. Basilikum hacken und ebenfalls in die Sauce geben.

Die Minipaprika „köpfen", das Kerngehäuse entfernen und in kräftigem Salzwasser kurz blanchieren. Fischwürfel in Butter anbraten und mit Salz, Pfeffer und den Kräutern würzen. Mit dem Ei, Reis und Crème fraîche vorsichtig vermengen und in die abgetropften Paprika füllen. Deckel draufgeben und in eine ofenfeste Form geben, in die zuvor die Tomatensauce gefüllt wurde. Im Ofen bei 190 °C ca. 20 Minuten backen.

ZUTATEN FÜR 6 PORTIONEN:

18 Minipaprika
200 g Fischfiletwürfel
40 g Butter
200 g gekochter Reis
1 Ei
1 EL Crème fraîche
frisch gehackte Kräuter
(Petersilie, Dill, Kerbel)
Salz, Pfeffer

FÜR DIE SAUCE:

1 große, gehackte Zwiebel
2 Knoblauchzehen
6 große Fleischtomaten
60 ml Olivenöl
Salz, Pfeffer, Cayennepfeffer
1 Bd frisches Basilikum

Fischsalat mit Champignons

Fischfilets entgräten und gefällig portionieren. Leicht salzen und pfeffern und im Dampftopf garen. Abkühlen lassen. Die Karottenstifte kurz blanchieren. Die Champignons putzen, in dünne Scheiben schneiden und zusammen mit dem vorbereiteten Feldsalat auf 4 Tellern anrichten. Die Fischstücke darauf verteilen.

Für die Salatsauce den Essig, den Zitronensaft, Senf, Salz und Pfeffer verrühren. Dann das Öl darunterschlagen und die Sauce über dem Salat verteilen.

ZUTATEN FÜR 4 PORTIONEN:

2 Felchen (Reinanken)
150 g Lachsforelle
100 g Egli (Flussbarsch)
50 g Karottenstifte
120 g frische Champignons
80 g Feldsalat
Salz, frisch gemahlener Pfeffer

FÜR DIE SAUCE:

2 EL feiner Weinessig
1 TL Zitronensaft
1/2 TL scharfer Senf
5 EL feines Sonnenblumenöl
1/2 TL Salz, etwas Pfeffer

Gefüllte Schleie

Für 4 Schleien von je 150 g bereitet man von der ausgenommenen Milch (die im Bedarfsfalle ersetzt werden kann durch ebensoviel Fleisch von Süßwasserfischen) und zur Hälfte davon eingeweichten und ausgedrückten Semmeln, ferner etwas gehackter Petersilie, Salz und Muskatnuss eine fein gehackte Fülle, die noch mit nussgroß Butter und einem Eidotter verrührt wird. Damit füllt man die gut gereinigten, von innen ausgelösten Schleien, wickelt sie in gefettetes Halbpergamentpapier ein und lässt sie, in passendem Geschirr nebeneinander eingeordnet, bei mittelgroßer Hitze im Rohr durchbraten. Anschließend auswickeln, mit Zitronensaft beträufeln, mit gehackter Petersilie bestreuen und mit brauner Butter heiß abbrennen.

ZUTATEN FÜR 4-6 PORTIONEN:

4 Schleien à 150 g
Schleienmilch oder eine entsprechende Menge Süßwasserfischfleisch (ca. 250 g)
150 g altbackenes Brot
200 ml Milch
1 Bd Petersilie
50 g weiche Butter
1 Ei
1 Dotter
100 g braune Butter
2 Zitronen
Salz, Pfeffer, Muskatnuss

Lachsforelle in Apfelbalsamico mit Kernölfisolen

Zunächst die Fisolen gut zuputzen und in mit Speisesoda versetztem Salzwasser halbweich kochen. Etwas Butter in einer Pfanne zerlassen. Semmelbrösel und fein gewiegte Kürbiskerne ins Fett streuen, die Fisolen kurz darin wenden und mit etwas Kürbiskernöl abschmecken.

Die leicht gesalzenen Fischfilets daraufsetzen und zugedeckt auf kleiner Flamme 4–5 Minuten dämpfen. Inzwischen den Essig in einer kleinen Saucenpfanne zum Kochen bringen und diese, sobald sich die ersten Blasen bilden, von der Herdplatte ziehen. Dann nach und nach die eiskalten Butterstückchen einrühren und zu einer homogenen Sauce binden.

Auf heißen Tellern die Forellenfilets auf den Kernöl-Fisolen anrichten und den Fisch mit der Apfelbalsamicosauce überziehen. Als Beilage empfehlen sich gekochte heurige Erdäpfel.

ZUTATEN FÜR 4 PORTIONEN:

4 ausgelöste und enthäutete Lachsforellenfilets à ca. 150 g
250 g Fisolen
1 Msp Speisesoda
einige Salatblätter
4 EL Apfelbalsamico
100 g eiskalte Butter in kleinen Flöckchen
1 EL geröstete und fein gewiegte Kürbiskerne
1 EL Semmelbrösel
1 EL Butter
1 Kaffeelöffel Kürbiskernöl
Salz, Pfeffer

Moosburger Kletzenkarpfen

Die Karpfenfilets gut waschen und mit Küchenkrepp trockentupfen. Salzen und dann in eine Kasserolle legen und mit soviel Essigwasser begießen, dass die Filets gerade bedeckt sind.

Pfeffer und Piment dazugeben und knapp unter dem Siedepunkt ca. 15 Minuten ziehen lassen. Anschließend warmstellen.

Inzwischen die Mandeln stiftelig und die Nüsse sowie die Kletzen kleinwürfelig schneiden. In einer Pfanne das Butterschmalz zerlassen, den Staubzucker hineinstreuen und karamellisieren, bis er eine goldgelbe Farbe annimmt. Mandeln, Nüsse und Kletzen hinzufügen, gut durchrösten und mit Birnenbrand flambieren. Sobald die Flamme erloschen ist, mit Rotwein und Fischsud aufgießen. Zitronensaft und Orangenzesten (hauchdünne Streifen aus der Orangenschale) hinzufügen, alles aufkochen lassen, mit den Lebkuchenbröseln binden und sämig einkochen lassen. Nach Geschmack salzen und pfeffern.

Dann die vorpochierten Karpfenfilets einlegen, Pfanne zudecken und den Fisch auf kleinster Flamme weitere 10 Minuten in der Sauce ziehen lassen. Dazu passen weiße Polenta oder Serviettenknödel.

ZUTATEN FÜR 4-6 PORTIONEN:

4 Karpfenfilets à 180 g
Schuss Rotweinessig
14 Pfefferkörner
2 Pimentkörner
Salz

FÜR DIE KLETZENSAUCE:

50 g abgezogene Mandeln
50 g enthäutete Walnusskerne
150 g Kletzen oder gemischtes Dörrobst
2 EL Butterschmalz
1 EL Staubzucker
4 cl Birnenbrand
125 ml Rotwein
500 ml Fischfond (s. S. 43) oder Gemüsesuppe
Saft einer halben Zitrone
Schale einer halben Orange
2 EL Lebkuchenbrösel
Salz und Pfeffer aus der Mühle

Powidl-Schwarzbier-Karpfen

Salzwasser mit Essig, den Pfefferkörnern, dem Lorbeerblatt und der grob zerkleinerten Zwiebel zum Kochen bringen. 5 Minuten lang wallend kochen lassen und danach die Hitze etwas reduzieren.

Die Karpfenfilets einlegen und – je nach Stärke – knapp über dem Siedepunkt 8–10 Minuten ziehen lassen. Herausnehmen, beiseite stellen und mit Alufolie abdecken. Den Sud nicht weggießen, sondern aufbewahren.

In der Zwischenzeit für die Sauce in einer passenden Pfanne das Schmalz erhitzen, die Lebkuchenbrösel auf kleiner Flamme darin zart anrösten, Mandeln, Nüsse, Dörrzwetschken sowie Rosinen hinzufügen und den Honig einrühren. Bevor sich die Sauce am Pfannenboden anlegen kann, so viel Fischsud löffelweise zugießen, bis man eine mollige, fast dickliche Konsistenz erreicht hat.

Bier dazugießen und alles nochmals einkochen lassen, bis die Sauce schön sämig ist. Je nach Geschmack in die Sauce etwas Powidl einrühren. Zuletzt die Karpfenfilets zurück in die Sauce legen, einmal wenden und noch kurz auf kleiner Flamme erwärmen. Als Beilage empfehlen sich Waldviertler Knödel.

ZUTATEN FÜR 6 PORTIONEN:

4 Karpfenfilets von je ca. 200 g
ca. 750 ml Wasser
125 ml Essig
1 kleine Zwiebel
Pfefferkörner
Lorbeerblatt
Salz

FÜR DIE SAUCE:

2 EL Butterschmalz
80 g Lebkuchenbrösel
60 g stiftelig geschnittene Mandeln
1 EL gehackte Nüsse
1 EL gehackte Dörrzwetschken
2 KL Rosinen
2 EL Honig
Fischsud
ca. 125 ml dunkles Bier
Powidl nach Belieben

Raizenkarpfen (Karpfen nach serbischer Art)

Die Kartoffeln schälen, kochen und in dünne Scheiben schneiden. Den Räucherspeck in schmale Streifen schneiden. Die gewaschenen Karpfenfilets an der Oberseite mit einem scharfen Messer einschneiden und die Zwischenräume mit den Speckstreifen füllen.

Die Zwiebel und die Paprikaschoten in Ringe schneiden. Die Tomate am Stiel einschneiden, kurz in heißes Wasser tauchen, schälen, entkernen und in dünne Scheiben schneiden. Eine feuerfeste Auflaufform mit Schweineschmalz ausstreichen und zunächst mit den Kartoffelscheiben auslegen.

Die Fischfilets draufsetzen, salzen, paprizieren und anschließend mit den Paprika- und Zwiebelringen sowie den Tomaten bedecken. Mit geschmolzener Butter begießen. Die Form in das auf 190 °C vorgeheizte Backrohr stellen und etwa 20-25 Minuten garen. Mehl und Sauerrahm gut verquirlen und gleichmäßig über die Auflaufmasse verteilen und weitere 20 Minuten überbacken.

ZUTATEN FÜR 8 PORTIONEN:

8 Karpfenfilets à 125 g
500 g Kartoffeln
150 g durchzogener Räucherspeck
1 mittelgroße Zwiebel
je 1 rote und grüne Paprikaschote
1 große Tomate
2 EL Schweineschmalz
100 g Butter
1 EL Mehl
1/4 l Sauerrahm
1 EL Paprikapulver
Salz

Rollmops vom Felchen mit Chili, Fenchel und Karottenöl

Die Felchenfilets schön zuschneiden und entgräten. Fenchel, Zwiebel und Zuckerschoten und je nach gewünschter Schärfe Chili fein nudelig schneiden und in wenig Olivenöl kurz andünsten. Mit Zucker, Salz, Pfeffer und Cayennepfeffer würzen und mit etwas Essig ablöschen.

Das Gemüse gebündelt auf die zuvor leicht mit Salz, Pfeffer und Cayennepfeffer gewürzten Filets legen, diese dann einrollen und mit einem Zahnstocher oder noch besser mit einem kleinen Holzspießchen fixieren. Im Dämpfer je nach Dicke der Filets 4–6 Minuten garen. Vor dem Servieren mit etwas Karottenöl beträufeln.

ZUTATEN FÜR 6 PORTIONEN:

6 Felchenfilets (Reinanke)
1 kleine Fenchelknolle
1 kleine weiße Zwiebel
1 Chilischote (rot)
50 g Zuckerschoten
1 EL Weinessig
30 ml Karottenöl (s. S. 42)
1 Limette
Cayennepfeffer, Prise Zucker
Salz, Pfeffer

Salat von gedämpften Filets mit grünem Spargel

Den geputzten Spargel in Salzwasser nicht zu weich kochen (ca. 8-10 Minuten) und im Sud abkühlen lassen. Aus dem Melonenfleisch Kugeln ausstechen. Die Tomate überbrühen, enthäuten und in Würfel schneiden. Den Sellerie in schmale Streifen schneiden. Den Spargel ebenfalls in ca. 2 cm lange, leicht schräge Stücke schneiden und vorsichtig mit den Melonenkugeln, Tomaten und dem Staudensellerie mischen, dann auf dem Teller anrichten.

Die Fischfilets in gefällige Stücke portionieren, leicht salzen und pfeffern und vorsichtig im Dampf garen. Leicht überkühlen lassen und auf dem Gemüse-Melonensalat anrichten.

Aus den angegebenen Zutaten eine Kräuter-Vinaigrette rühren und darüberträufeln. Mit Pimpinelleblättchen und ca. 2 cm langen Schnittlauchstückchen garnieren.

ZUTATEN FÜR 4 PORTIONEN:

400 g Fischfilets (Egli/Flussbarsch, Felchen/Reinanke, Saibling)
250 g zarter grüner Spargel
Salzwasser
1/2 Honig-Melone
1 große Tomate
2 Stangen Staudensellerie

FÜR DIE VINAIGRETTE:

3 EL Sonnenblumenöl
2 EL bestes, natives Olivenöl
1 EL feiner Weinessig
1 EL Sherry-Essig
2 Schalotten
Pimpinelle, Schnittlauch, Petersilie
Salz, Pfeffer

Rotwein-Karpfen mit Wurzelgemüse

Der Boden eines passenden Geschirres wird mit dem Wurzelgemüse und der nudelig geschnittenen Zwiebel, einigen Pfeffer- und Gewürzkörnern, Nelken, Lorbeerblättern, wenig Kuttelkraut (Thymian), grüner Petersilie, einer Knoblauchzehe, einer Zitronenspalte, Salz nach Bedarf und etwa 60 g Schwarzbrotrinde belegt.

Den Karpfen abschuppen, sauber auswaschen und leicht schröpfen. In einer großen Pfanne von beiden Seiten anbraten und auf das vorbereitete Gemüsebett legen. Die Bratbutter lässt man mit einem Spritzer Rotwein aufgehen und gießt sie über den Karpfen, der weiter mit halb Rotwein und halb Wasser geradesoviel aufgegossen wird, dass er schön schmoren kann.

Der Fisch braucht ca. 50 Minuten im Ofen bei 180 °C. Den fertigen Fisch auf einer heißen Platte anrichten. Der Kochsud wird flott eingekocht und über den Karpfen gegossen, der mit dem Wurzelgemüse serviert wird.

Früher wurde diese Sauce mit etwas in Weinessig aufgefangenem Karpfenblut und Zucker versetzt, um sie noch schmackhafter und sämiger zu machen.

ZUTATEN FÜR 4-6 PORTIONEN:

1 schöner Karpfen von ca. 1,5 kg
300 g nudelig geschnittenes Wurzelgemüse
1 nudelig geschnittene Zwiebel
500 ml kräftiger Rotwein
Butter zum Ausreiben der ofenfesten Form
2 Nelken
2 Lorbeerblätter
2 Knoblauchzehen
100 g Schwarzbrotrinde
Zitronenschale
frische Petersilie und Thymian
Salz, Pfeffer

Seeforelle in Brennnesselsauce

Forellenfilets rundum mit Zitronensaft einreiben, salzen und pfeffern. Brennnesselblätter von den Stängeln zupfen, kurz in kochendem Wasser blanchieren, abtropfen und mit einem Wiegemesser nicht zu fein hacken.

Eine geeignete Form ausbuttern und die Forellenfilets darin dachziegelartig nebeneinander schlichten. Einige Butterflocken daraufsetzen, mit Alufolie bedecken und im auf 180 °C vorgeheizten Backrohr braten.

Inzwischen Fischfond und Schlagobers aufkochen und leicht sämig einreduzieren. Brennnesseln hinzufügen, gut durchrühren und abschmecken. Fisch aus dem Rohr nehmen, Alufolie entfernen und die Sauce über die Fische gießen. Dazu passen Bandnudeln oder Butterreis.

ZUTATEN FÜR 6 PORTIONEN:

6 See- bzw. Lachsforellenfilets à 120 g
Zitronensaft
40 g Butter
Salz, Pfeffer

FÜR DIE SAUCE:

1 dl Fischfond (s. S. 43)
1 dl Weißwein oder Wermut
300 ml Obers oder Crème fraîche
150 g Brennnesseln

Salzkammergut-Reinanke in Mostsekt

Die Reinanken gründlich waschen, trockentupfen sowie außen und innen salzen und pfeffern.

Die Fische beidseitig mit fein gesiebtem Mehl bestäuben. Das Butterschmalz in einer Fischpfanne zerlassen und die Reinanken darin beidseitig kurz anbraten und dann mit Mostsekt ablöschen. Zugedeckt ca. 15 Minuten auf kleiner Flamme ziehen lassen. Reinanken aus der Pfanne heben und auf einer heißen Platte warmstellen.
Schlagobers mit Eidotter versprudeln und vorsichtig in die Mostsektsauce einrühren.
Diese anschließend durch ein Spitzsieb über die Fische passieren und mit dem fein gehackten frischen Estragon bestreuen. Mit Salzkartoffeln oder Gemüsereis servieren.

ZUTATEN FÜR 4-6 PORTIONEN:

4 Reinanken à ca. 280 g
2 EL Mehl
60 g Butterschmalz
200 ml Mostsekt
80 ml Schlagobers
1 Eidotter
1 Zweiglein Estragon
weißer Pfeffer aus der Mühle
Salz

TIPP Dieses Rezept funktioniert auch hervorragend mit Saiblingen und Forellen.

Seefische auf Gemüsebett

Die Fischfilets sauber zuschneiden und entgräten. Es ist wichtig, dass alle Fischstücke in etwa die gleiche Größe und Stärke aufweisen, damit sie gleichmäßig garen. Dann eine große, flache Sauteuse (Schwenkpfanne) mit Deckel vorbereiten. Diese mit Butter ausstreichen, das Wurzelgemüse gleichmäßig verteilen und darauf die Fischstücke betten. Mit Salz, Pfeffer und Zitronensaft würzen und bei großer Herdhitze aufstellen. Sobald das Gemüse leicht zu braten beginnt, was unschwer am entstehenden Geräusch zu erkennen ist, mit Weißwein und Fischfond ablöschen und sofort zudecken. Die Fische garen jetzt ganz rasch im aromatischen Dampf.

Dazu passen alle Schaumsaucen (siehe Fonds & Saucen ab S. 42) und die gängigsten Beilagen wie Wildreis oder Kartoffeln, aber auch einfach knuspriges Baguette.

ZUTATEN FÜR 6 PORTIONEN:

800 g verschiedene Fischfilets
350 g Wurzelgemüse (Karotten, Sellerie, Lauch, Zwiebel, Fenchel)
80 g Butter
50 ml Weißwein
50 ml reduzierter Fischfond (s. S. 43)
1 EL gehackte, frische Kräuter (Petersilie, Schnittlauch, Dill)
Salz, Pfeffer, Zitrone

Stainzer Schilcher-Karpfen

Die Karpfenfilets nach Möglichkeit entgräten, aber nicht enthäuten, sondern die Haut etliche Male einschneiden. Wasser und Schilcher in einem größeren Topf vermengen, sämtliche Gewürze sowie eine geviertelte Zwiebel zugeben und alles aufkochen lassen. Nun die Karpfenstücke einlegen und knapp unter dem Siedepunkt etwa 20 Minuten ziehen lassen.

Währenddessen wird das Wurzelwerk gewaschen, geschält und in feine Streifen, die Zwiebel in Ringe geschnitten. In einer Pfanne die Butter aufschäumen lassen, das geschnittene Wurzelwerk samt Zwiebelringen darin anrösten, mit etwas Schilcher oder Fischsud aufgießen und kurz dünsten lassen.

Sobald das Gemüse knackig – aber nicht zu weich – ist, Karpfenfilets aus dem Sud heben, abtropfen lassen und mit den Gemüsestreifen garniert anrichten. Mit etwas gehackter Petersilie oder Estragon bestreuen. Als Beilage empfehlen sich in Butter geschwenkte Kartoffeln sowie Rahm-Gurkensalat.

Zutaten für 4-6 Portionen:

4 Karpfenfilets à ca. 150 g
300 ml Schilcher (oder kräftiger Rosé-Wein)
500–700 ml Wasser
1 Zwiebel
1 Bund Wurzelwerk
1 Zwiebel für die Garnitur
2 EL Butter
Estragon oder Petersilie zum Bestreuen
1 Lorbeerblatt
Thymian
Pfefferkörner
Salz

TIPP Nach demselben Grundrezept lässt sich auch die beliebte Schilcher-Forelle zubereiten, die man entweder im Ganzen oder ebenfalls filetiert garen kann.

Trüsche (Rutte) mit Bärlauchsauce

Die gehäuteten Trüschen gut waschen, mit Küchenkrepp abtupfen und in etwa 3 cm dicke Stücke schneiden.

Mit Zitronensaft beträufeln und kurz ziehen lassen. Die Stücke in Mehl wälzen und in heißer Butter rundum braten. Sobald der Fisch gar ist, herausheben und warmstellen. Den Porree fein hacken, noch etwas Butter in die Pfanne geben und darin hell anrösten. Mit etwas Mehl stauben und mit Fischfond oder Fischsud aufgießen und etwa 10 Minuten einkochen lassen.

Bärlauch sehr fein hacken, in die Sauce geben, mit Salz, Pfeffer und einem Schuss Zitronensaft abschmecken. Schmand einrühren und nochmals einkochen lassen. Die warmgehaltenen Trüschenstücke auf vorgewärmten Tellern anrichten, wenig Bärlauchsauce darüberträufeln und den Rest in einem Saucenkännchen servieren.

TIPP Noch feiner gerät die Sauce, wenn man sie vor dem Servieren mit dem Mixstab püriert.

ZUTATEN FÜR 4-6 PORTIONEN:

2–3 (je nach Größe) Trüschen (Rutten) ohne Haut
Zitronensaft
Mehl zum Wenden
2 EL Butter

FÜR DIE SAUCE:

1/2 Stange Porree
1 EL Butter
1 EL Mehl
200 ml Fischfond (s. S. 43) oder Fischsud
1 Bund Bärlauch (ersatzweise andere Kräuter)
Zitronensaft
2 EL Schmand (Crème fraîche)
Salz, Pfeffer

Waller-Schnitzel im Kohlblatt

Die Wallerfilets salzen und pfeffern, mit Zitronensaft beträufeln und mit Alufolie abgedeckt im Kühlschrank 15 Minuten ziehen lassen. Backrohr auf 180 °C vorheizen. Inzwischen die Kohlblätter waschen, kurz in kochendem Wasser blanchieren, danach in eiskaltem Wasser abschrecken und behutsam trockentupfen.

Eine geeignete Auflaufform mit Butter ausstreichen. Die Wallerstücke mit jeweils zwei Kohlblättern umwickeln und nebeneinander in die Form schlichten. Die Suppe angießen und die Wallerfilets 20 Minuten lang im Backrohr ziehen lassen. Nach 10 Minuten wenden. Fertig gegarte Wallerfilets aus der Form heben und warmstellen. Sauerrahm, Eidotter und Parmesan miteinander versprudeln und mit der verbliebenen Flüssigkeit zu einer sämigen Sauce binden. Den Kerbel darüberstreuen und die Sauce extra zu den Wallerfilets reichen. Dazu passen Salzerdäpfel.

ZUTATEN FÜR 4 PORTIONEN:

4 ausgelöste Wallerfilets à ca. 160 g
1 Schuss Zitronensaft
8 Kohlblätter
Butter zum Ausstreichen der Form
125 ml Rindsuppe
4 EL Sauerrahm
1 Eidotter
1 EL geriebener Parmesan
1 Msp fein gehackter Kerbel
Salz, Pfeffer

TIPP Dieses Gericht schmeckt auch vorzüglich, wenn man die Kohlblätter durch Spinat- oder Mangoldblätter ersetzt.

Zart gedünstetes Saiblingsfilet auf Bärlauch-Risotto

Zuerst die Schalotten in Butter anschwitzen und darin den Reis glasig werden lassen. Mit Weißwein ablöschen, etwas einköcheln lassen und dann mit einem Teil der Gemüsebrühe auffüllen. Nun die Gemüsebrühe aufnehmen lassen und immer wieder einen Teil der Flüssigkeit nachgeben. Es ist sehr wichtig, dass der Reis die Gemüsebrühe nach und nach aufnehmen kann. Es ist in dieser Phase nicht notwendig, im Topf zu rühren, es genügt, die am Topfboden anhängenden Reiskörner durch kräftiges Schwenken des Topfes von Zeit zu Zeit zu lösen. Erst am Ende der Garzeit wird kräftig geschwenkt und Olivenöl, Käse und frisch gehackter Bärlauch einmontiert. Diesen herrlichen Risotto mit 2 EL geschlagener Sahne verfeinern – aber nicht ganz unterrühren.

Ein Backblech mit einem Stück gebutterter Alufolie auslegen. Die Saiblingfilets mit Salz und etwas Weißwein beträufeln und bei 70 °C die Filets zwischen 10 und 14 Minuten garen. Die Dauer hängt von der Temperaturgenauigkeit Ihres Ofens ab. Sie werden sehen, dass der Fisch auf diese Art gegart wunderbar zart und saftig wird.

TIPP Dazu passt ausgezeichnet gebratener Spargel.

ZUTATEN FÜR 6 PORTIONEN:

FÜR DEN FISCH:
3 Saiblinge
30 g Butter
40 g Weißwein
Salz, Pfeffer, Cayennepfeffer

FÜR DEN RISOTTO:
200 g Arborio-Reis
150 g Weißwein
650 ml Gemüsebrühe
50 g Schalotten
40 g Butter
60 g geriebener Hartkäse (Parmesan oder Pecorino)
40 g kalt gepresstes Olivenöl
frischer Bärlauch nach Geschmack
2 EL geschlagene Sahne

Fisch

küche

BRATEN IN PFANNE & OFEN

Aal-Koteletts auf Tomaten-Oliven-Fondue mit Basilikumöl

Den abgezogenen Aal in Scheiben (Koteletts) schneiden, mit Zitrone beträufeln, salzen, pfeffern und mit etwas Cayennepfeffer bestreuen. In Butterschmalz goldbraun anbraten. Am besten gelingt das in einer heißen Eisenpfanne mit wenig Butterschmalz, so dass der Aal sein Fett schön ausbraten kann.

Für das Tomaten-Oliven-Fondue Schalotten und gehackten Knoblauch in Olivenöl kurz anrösten, dann Tomaten, etwas Weißwein, die Kräuter und die Oliven dazugeben. Nun bei geringer Hitze die Tomaten „schmelzen" lassen. Mit Salz, Pfeffer und Chili abschmecken. Die würfelig geschnittenen Oliven erst kurz vor dem Servieren beigeben. Über das fertige Gericht einige Tropfen Basilikumöl und frisch gezupfte Basilikumblätter geben.

ZUTATEN FÜR 6 PORTIONEN:

1 Aal von ca. 600 g
Butterschmalz
Zitrone
Salz, Pfeffer, Cayennepfeffer

FÜR DAS TOMATEN-OLIVEN-FONDUE:

120 g Cherry-Tomaten (rot, gelb)
120 g Fruchtfleisch von eingelegten Tomaten
80 g schwarze Oliven
3 EL Olivenöl
1 TL Basilikum und/oder Blattpetersilie gehackt
1 TL fein gehackte Schalotten
1 Spritzer Weißwein
wenig Knoblauch

FÜR DAS BASILIKUMÖL:

30 ml Basilikumpesto (s. S. 42)
30 ml natives Olivenöl

Bodenseefelchen in Zucchinikruste mit Perltomaten

Die Zucchini in feine Scheiben schneiden. Felchenfilets mit einem scharfen Messer sauber zuschneiden und entgräten. Mit Salz, Pfeffer, Cayennepfeffer würzen, auf der Fleischseite leicht mehlen und mit Ei bestreichen. Dann die Zucchinischeibchen dachziegelartig auf die Filets legen. Die Filets mit der Kruste nach unten in eine mittelheiße Pfanne geben und in Butterschmalz oder Olivenöl goldbraun braten, wenden und auf der Hautseite noch kurz fertiggaren.

Die Tomaten waschen, abtropfen lassen und den Strunk entfernen. Die fein geschnittene Schalotte in Olivenöl kurz anbraten, die angedrückten Knoblauchzehen beigeben und darin die Tomaten weich dünsten. Mit frisch gehackten Kräutern aromatisieren und mit ein Paar Tropfen weißem Balsamico, Salz, Pfeffer und einem Hauch Chili abschmecken.

TIPP Statt Perltomaten eignen sich auch Kirschtomaten.

ZUTATEN FÜR 6 PORTIONEN:

12 Felchenfilets (Reinanke)
2 kleine Zucchini
80 g Butterschmalz
1 Ei
Salz, Pfeffer, Cayennepfeffer

FÜR DIE TOMATEN:

100 g gelbe Perltomaten
100 g rote Perltomaten
1 Schalotte, fein geschnitten
100 ml natives Olivenöl
Salz, Pfeffer, Zitrone, Chili

Bodenseefelchen in Kartoffel-Sellerie-Kruste

Felchenfilets mit einem scharfen Messer sauber zuschneiden und entgräten. Mit Salz, Pfeffer, Cayennepfeffer würzen, die Fleischseite leicht mehlieren und mit dem verquirlten Ei bestreichen. Dann die Kartoffel und Sellerie in feine Streifen schneiden, mischen und auf die Filets legen. Leicht andrücken und die Filets mit der Kruste nach unten in eine mittelheiße Pfanne geben und goldbraun braten. Wenden und auch auf der Hautseite braten. Auf Küchenpapier abtropfen und anrichten.

Den Blattspinat in einer flachen Sauteuse (Schwenkpfanne) mit wenig Butter zugedeckt zusammenfallen lassen. Leicht ausdrücken, die restliche Butter leicht bräunen und dann den ausgedrückten Spinat beigeben. Kurz durchschwenken, dann mit Obers verfeinern und mit Salz, Pfeffer aus der Mühle und Muskat abschmecken. (Für Knoblauchliebhaber: In der braunen Butter eine ganze geschälte Knoblauchzehe mitschwenken. Das genügt schon, um einen dezenten Knoblauchgeschmack in den Spinat zu bekommen.)

Für die Sauce Schalotten in Butter anschwitzen und mit Weißwein ablöschen. Fischfond dazugeben, einreduzieren sowie Sahne angießen und einreduzieren. Am Schluss mit Butter montieren. Felchenkaviar und frische Kräuter der Saison beigeben.

ZUTATEN FÜR 6 PORTIONEN:

12 Felchenfilets (Reinanke)
3 große Kartoffeln
1 Sellerieknolle
80 g Butterschmalz
60 g Mehl
1 Ei
Salz, Pfeffer, Cayennepfeffer

FÜR DIE SAUCE:

100 ml Fischfond (s. S. 43)
100 ml Weißwein
1 TL Schalotten, fein geschnitten
100 g Butter
100 ml Sahne
Salz, Pfeffer, Zitrone
Felchenkaviar (Reinanke)

FÜR DEN SPINAT:

200 g frischer Blattspinat
50 g Butter
50 ml Obers
Salz, Pfeffer, Muskat

TIPP Der Felchenkaviar darf nicht zu heiß werden, da er sofort durchgart und hart wird.

Gebratene Bodenseetrüsche auf Roten Rüben

Die Haut der Trüschen hinter dem Kopf einschneiden und abziehen. Die Fische salzen, pfeffern, in gefällige Stücke schneiden, in Butter rundherum goldbraun anbraten und für 5–7 Minuten in den vorgeheizten Ofen schieben.

Beurre blanc nach dem Grundrezept herstellen. Wasabipulver in Weißweinessig einweichen und mit dem frischen Kren in die Sauce mixen. Abpassieren und mit frisch gemahlenem weißen Pfeffer abschmecken. Vor dem Servieren mit dem Mix- oder Zauberstab schäumen.

Die Roten-Rüben-Würfel auf einem heißen Teller anrichten und mit Olivenöl und etwas Zitrone beträufeln.

Nun Trüschen darauf platzieren und mit Krenschaum überziehen.

Die Lebern leicht mit Mehl bestäuben, in Butter braten und vor dem Servieren in den frisch gehackten Kräutern wenden. Dann nochmals kurz in die Pfanne geben und ebenfalls anrichten.

TIPP Dazu passt am besten braune Butter, Zitrone und Kartoffelpüree.

Zutaten für 4 Portionen:

4 Trüschen (Rutten) à 250 g, küchenfertig vorbereitet
4 Trüschenlebern
120 g frische Butter
etwas Mehl
4 EL frische Kräuter (Dill, Kerbel, Petersilie, Basilikum, Estragon)
1 große Rote Rübe, gekocht und gewürfelt

Für den Krenschaum:

250 ml Beurre blanc (s. S. 51)
1 TL Wasabipulver
1 TL weißer Balsamico- oder Weißweinessig
30 g frisch geriebener Kren

Gebratene Fischküchle mit Kipflersalat

Fischfilets zusammen mit den entrindeten und zuvor in Milch eingeweichten Brötchen faschieren. Butter schaumig rühren, mit Crème fraîche, den Eiern und dem Faschierten vermischen. Würzen und die in Butter angeschwitzte Zwiebel sowie die Petersilie beigeben.

Kartoffeln schälen und noch warm in Scheibchen schneiden. Mit warmer Brühe, Essig, Salz, Pfeffer, Zucker, Senf und Öl marinieren, ziehen lassen. Wenn notwendig nochmals etwas abschmecken.

Nun aus der Fischmasse nette Laibchen formen, in Butterschmalz anbraten und mit dem Kipflersalat servieren. Noch besser schmeckt das Ganze mit jungem Vogerlsalat.

ZUTATEN FÜR 6 PORTIONEN:

600 g Fischfilets nach Belieben
2 altbackene Semmeln
150 ml Milch
80 g weiche Butter
2 Eier
60 g Crème fraîche
1 fein geschnittene Zwiebel
2 EL gehackte Petersilie
Muskat
Butterschmalz zum Braten
Salz, Pfeffer, Cayennepfeffer

FÜR DEN SALAT:

500 g gekochte Kipfler (Kartoffeln)
60 g fein gehackte Zwiebeln
1 TL scharfer Senf
80-100 ml Gemüsebrühe
2 EL Weißweinessig
50 ml Erdnussöl
1 TL frisch gehackte Kräuter, Petersilie
Prise Zucker
100 g frischer, geputzter Feldsalat
3 EL Grund-Vinaigrette (1 Teil Essig, 3 Teile Öl, Salz, Pfeffer, Prise Zucker, etwas Dijonsenf)
Salz, Pfeffer

Geröstete Flusskrebse mit Ratatouille

Flusskrebse in kochenden Weißweinsud geben und ca. 3 Minuten garen. Kurz in kaltem Wasser abschrecken und anschließend mit einem scharfen Messer der Länge nach teilen. Sauber auswaschen und mit der Schnittfläche auf ein Tuch legen, damit sie schön abtropfen können.

Für die Ratatouille Schalotten und Knoblauch in Olivenöl anschwitzen, würfelig geschnittene Artischockenböden und die Zucchini beigeben. Gut anrösten und dann mit den Tomaten auffüllen. Die Ratatouille so lange einkochen, bis sie schön eingedickt ist. Am Schluss mit Salz, Pfeffer und etwas Cayennepfeffer und den frisch gehackten Kräutern würzen.

Die Flusskrebshälften mit der Schnittfläche zuerst in Olivenöl anbraten, bis sie etwas Farbe nehmen, dann kurz durchschwingen und mit der Ratatouille füllen.

ZUTATEN FÜR 6 PORTIONEN:

18 Flusskrebse
3 l Weißweinsud (s. S. 46)
50 ml Olivenöl

FÜR DIE RATATOUILLE:

80 g fein gehackte Schalotten
2 Knoblauchzehen
120 g Fruchtfleisch von eingelegten Tomaten
80 g schwarze Oliven
80 g würfelig geschnittene Zucchini
2 Artischocken
3 EL Olivenöl
1 TL frisch gehackte Kräuter (Rosmarin, Salbei, Thymian, Basilikum)
Salz, Pfeffer und Cayennepfeffer

Kümmelbratl vom Wels auf papriziertem Wirsing

Wirsing in feine Streifen schneiden. Butter zergehen lassen, Schalotten glasig anschwitzen und den Wirsing dazugeben. Unter ständigem Wenden ebenfalls anschwitzen, so bekommt er eine schöne Farbe. Dann Kümmel, Paprika, Salz, Pfeffer dazugeben, kurz durchschwenken und mit einigen Spritzern Weinessig, Weißwein und Gemüsebrühe aufgießen. Kurz dünsten. Der Wirsing darf ruhig ein bisschen Biss haben.

Das Welsfilet schröpfen. Das heißt mit einem scharfen Messer auf der Hautseite leicht einschneiden (s. S. 28). Dann auf der Hautseite in Butterschmalz kross braten, wenden und fertig garen. Als Sauce passt eine paprizierte Kümmelglace. Reduzierten Kalbsjus mit Knoblauch, Kümmel, Paprika und Balsamicoessig abschmecken.

TIPP Für eine leichtere Variante kann man auch Paprikaschaumsauce (s.S. 53) oder Kren-Schaum (s. S. 51) verwenden.

ZUTATEN FÜR 6 PORTIONEN:

FÜR DEN FISCH:

600 g Welsfilet mit Haut
Butterschmalz
50 ml Kalbsjus
1/2 zerdrückte Knoblauchzehe
1 TL Balsamicoessig
Rosenpaprika, Kümmel
Salz, Pfeffer

FÜR DEN WIRSING:

250 g Wirsing
50 ml Weißwein
50 ml Gemüsebrühe
50 g Schalotten
40 g Butter
40 g fein geschnittener Speck
Kümmel, Paprika, Salz,
Weinessig

Lauwarme Küchlein von Kürbis und Zander mit Felchenkaviar

Kürbis blättrig schneiden, mit den Zwiebelwürfelchen in Butter vorsichtig und langsam etwas dünsten und mit den Gewürzen abschmecken. Die Eier mit der Sahne verquirlen, abschmecken, mit Petersilie mischen und über den Kürbis gießen. Im Ofen ca. 15 Minuten bei 180 °C backen.

Zander grob faschieren. Butterabtrieb herstellen, mit Ei und Crème fraîche mischen, Kräuter (Gartenkräuter und Blattpetersilie) beigeben und mit Salz, Pfeffer und Cayennepfeffer abschmecken. Dann zu kleinen Küchlein formen, in Brösel wenden und in Butter goldgelb backen.

Für die Schnittlauch-Joghurtsauce Naturjoghurt, fein geschnittenen Schnittlauch, einige Tropfen Pernod, Zitrone, Salz, Pfeffer und Cayennepfeffer mischen und abschmecken.

TIPP Mit Felchenkaviar-Nockerl und Schnittlauch-Joghurtsauce servieren!

ZUTATEN FÜR 6 PORTIONEN:

FÜR DEN KÜRBISKUCHEN:

250 g Kürbis
50 g fein geschnittene Zwiebeln
2 Eier
3 EL Sahne
Butter zum Backen
Paprika, Salz, Pfeffer, Kümmel, Balsamico, frische Blattpetersilie

FÜR DIE ZANDERKÜCHLEIN:

160 g Zanderfilet
80 g Butter
1 Ei
1 EL frisch gehackte Blattpetersilie und andere Gartenkräuter
1 EL Crème fraîche
80 g Felchenkaviar (Reinanke)
100 ml Naturjoghurt
40 g fein geschnittener Schnittlauch
einige Tropfen Pernod, Zitrone
Salz, Pfeffer, Cayennepfeffer

Mariniertes Gemüse mit Eglifilets, Kräutern und Blüten

Das Gemüse putzen und in dünne Scheiben oder Bänder schneiden. In Salzwasser blanchieren, oder noch besser im Dampfgarer kurz garen.

Wildkräuter kräftig durchwaschen und umgehend abtropfen. Dann aus den Bändern und den Kräutern mit der Rucola einen gefälligen Salat anrichten. Mit Grund-Vinaigrette und nativem Olivenöl beträufeln.

Die Eglifilets in Butterschmalz kurz links und rechts anbraten und auf dem Salat anrichten. Mit essbaren Blüten ausgarnieren!

ZUTATEN FÜR 4 PORTIONEN:

FÜR DEN FISCH:

300 g Eglifilets (Flussbarsch)
50 g Butterschmalz
50 ml Grund-Vinaigrette
(3 Teile Öl und 1 Teil Essig, Salz, Pfeffer, Prise Zucker)
20 ml natives Olivenöl
20 ml Fischfond (s. S. 43) oder Weißwein
Tomatenpesto

FÜR DAS GEMÜSE:

1 Zucchini, 1 Karotte, 1 Kohlrabi
frische Erbsen

FÜR DEN SALAT:

Wiesenkräuter aus Wildsammlung (Beifuß, Frauenmantel, Spitzwegerich, Wiesenschaumkraut, Scharbockskraut, Bachbunge etc.)
Blüten aus Wildsammlung oder Garten (Kapuzinerkresse, Bergstiefmütterchen, Himmelschlüssel, Malve, Tigaten u.v.m.)

Lachsforelle mit Artischockengröstl und Kalamataschaum

Artischocken entblättern und die Böden sorgfältig zuputzen. Diese dann blättrig schneiden und mit etwas Zitronensaft beträufeln.

Den leicht schräg geschnittenen grünen Spargel in Olivenöl und Butter anbraten, Artischocken dazugeben und gut durchrösten. Nun den Mangold (oder Spinat) beigeben sowie die leicht angedrückten Knoblauchzehen und die geschnittenen Schalotten. Mit Salz, Pfeffer und den Kräutern abschmecken.

Lachsforellenfilets unter fließendem, kaltem Wasser abspülen, trockentupfen und sorgfältig mit einer Pinzette entgräten. Die so vorbereiteten Filets leicht salzen und pfeffern und in Olivenöl auf der Hautseite knusprig braten. Nach dem Wenden sofort anrichten, da sonst der Fisch zu trocken wird. Auf dem Artischockengröstl anrichten und mit Kalamata-Olivenschaum umkränzen.

TIPP Dickere Filets für eine gleichmäßige Garung vorher „schröpfen" (s. S. 28).

ZUTATEN FÜR 6 PORTIONEN:

6 Lachsforellenfilets
Salz, Pfeffer
Olivenöl zum Braten

FÜR DIE RATATOUILLE:

30 g fein gehackte Schalotten
2 Knoblauchzehen
120 g Mangold oder Blattspinat
100 g grüner Spargel
4 Artischocken
30 ml Olivenöl
20 g Butter
1 TL frisch gehackte Kräuter (Petersilie, Basilikum)
Salz, Pfeffer, Cayennepfeffer

WEITERS:

Kalamata-Olivenschaum (s. S. 51)

Mattseer Fischgröstl

Die Fischfilets entgräten, in Streifen von etwa 1 cm Dicke schneiden, zart salzen und gründlich in Mehl wälzen. Fischstreifen in ein Küchensieb geben und das überschüssige Mehl abschütteln. In einer Pfanne daumendick Butterschmalz stark erhitzen und die bemehlten Fischstreifen goldbraun ausbacken.
Fische aus dem Fett heben und warmstellen. Den Großteil des Fetts abgießen. Zwiebelringe im Rest gut anbräunen, dann die in Scheiben geschnittenen, gekochten Erdäpfel sowie die Speckwürfel allseitig gut anbraten. Fische wieder zurück in die Pfanne geben, ein bis zwei Minuten mitbraten und mit Salz und Pfeffer abschmecken.

In einer kleinen Kasserolle Butter auf kleinster Flamme schmelzen lassen und mit Zitronensaft sowie Petersilie abschmecken. Über das Gröstl gießen und heiß servieren.

ZUTATEN FÜR 6 PORTIONEN:

750 g gemischte Süßwasserfischfilets (Reinanke, Zander, Waller, Forelle, Lachsforelle)
5 EL Mehl
Butterschmalz zum Ausbacken
1 in Ringe geschnittene Zwiebel
100 g gekochte Erdäpfel
100 g kleinwürfelig geschnittener Speck
3 EL Butter
1 Schuss Zitronensaft
2 EL klein gehackte Petersilie
Salz und Pfeffer aus der Mühle

Salat vom Wels mit Paprika

Das Welsfilet in etwa 1 cm dicke Scheiben schneiden und auf eine Platte legen. Mit dem Öl begießen, mit Pfeffer und Ingwerpulver bestreuen und mit dem Zitronensaft beträufeln. Mit Folie zudecken und etwa 1 Stunde durchziehen lassen.
Die Paprikaschoten von den inneren Häuten und den weißen Trennwänden befreien und in feine Streifen schneiden. Die Streifen in einem Sieb etwa 1 Minute in kochendes Wasser halten, in Eiswasser abkühlen und dann abtropfen lassen.

In einer Schlüssel mit dem zerpflückten Eichblattsalat vermischen. Die Zutaten für die Sauce gut verrühren und die Sauce über den Salat gießen. Auf 4 Tellern anrichten.

Eine Pfanne erhitzen und die marinierten Welsstückchen von beiden Seiten kurz (1 Minute auf jeder Seite) bei starker Hitze braten. Dann erst salzen. Lauwarm auf dem Salat anrichten und servieren.

ZUTATEN FÜR 4 PORTIONEN:

1 Welsfilet von etwa 500 g
2–3 EL feines Pflanzenöl
etwas frisch gemahlener Pfeffer
1 Msp Ingwerpulver
1 TL Zitronensaft
je 1/2 rote, grüne und gelbe Paprikaschote
1/2 Kopf Eichblattsalat

FÜR DIE SAUCE:

2 EL natives Olivenöl
1/4 TL Salz
1/2 TL scharfer Senf
2 EL feiner Weinessig

Tramezzini vom gebratenen Wels mit Trüffel-Remoulade und Kopfsalat

Von einem gebratenen Karpfen übrig gebliebenes Fleisch ablösen und in kleine Stückchen zupfen. Mit Trüffel-Remoulade vermischen, einige Spritzer Zitrone dazugeben und nötigenfalls noch etwas mit Salz und Pfeffer abschmecken.

Kopfsalat in feine Streifen schneiden und mit Zitrone und Olivenöl beträufeln. In 6 gleich große Häufchen teilen und in die Mitte der Brotscheiben legen. Darauf die Fischmayonnaise anrichten und mit einem Brot bedecken. Gut andrücken und diagonal teilen. Die „Verdickung" in der Mitte macht einen klassischen Tramezzino aus.

ZUTATEN FÜR 6 PORTIONEN:

12 Scheiben Tramezzinibrot
180 g Reste von gebratenem Karpfen (nur sauberes Filetfleisch) (Alternativ können auch pochierte und überkühlte Filetreste verwendet werden.)
100 g Trüffel-Remoulade (s. S. 56)
12 Kopfsalatblätter
Zitrone, Salz, Pfeffer, Olivenöl

Trüschenleber auf Apfelbett

Trüschenleber beidseitig in Mehl wenden, überschüssiges Mehl zart abklopfen und Leber in heißer Butter auf beiden Seiten anbraten. Herausheben und beiseite stellen. Die in feine Ringe geschnittenen Frühlingszwiebeln im verbliebenen Fett anbraten, wenn nötig noch etwas Butter zugeben. Äpfel schälen, entkernen und dünne Spalten schneiden. Zu den Zwiebeln geben und ebenfalls kurz anrösten. Einen Schuss Apfelessig oder Wein zugießen, die Trüschenleber wieder hineingeben und alles weichdünsten.

Mit Salz und frisch gemahlenem Pfeffer würzen. Zuerst die Äpfel auf vorgewärmten Tellern anrichten und dann die Leber darauf drapieren. Vor dem Servieren mit frisch gehackter Brunnenkresse bestreuen.

Zutaten für 6 Portionen:

600 g Trüschen(=Rutten)-leber
1–2 EL Butter oder Butterschmalz
3 Frühlingszwiebeln
2 Äpfel
Apfelbalsamicoessig oder
Weißwein
Brunnenkresse zum Bestreuen
Mehl zum Wenden
Salz, Pfeffer

Bodenseewels im Speckmantel auf weißem Bohnenpüree und Tomaten-Bohnencocktail

Die Bohnen für das Püree richtig weich kochen, aber nicht jene für den Salat. Letztere mit Olivenöl, Essig, Thymian marinieren und lauwarm halten. Tomaten vierteln, mit Olivenöl und Schalotten anziehen, Knoblauch und Weißwein beigeben und leicht abschmecken.
Welsfiletstücke salzen, pfeffern und mit Speckscheiben umwickeln. Vorsichtig braten.
Für das Bohnenpüree die Bohnen passieren, mit Butter und Sahne glattrühren und soviel Gemüsefond einrühren, dass das Püree flaumig und leicht wird.
Das Welsfilet aufschneiden und auf dem Bohnenpüree mit frischen Salaten anrichten.

TIPP Den Bohnensalat zuerst in ein Cocktailglas füllen, dann die Tomaten einfüllen.

ZUTATEN FÜR 6 PORTIONEN:

6 Welsfiletstücke à ca. 80 g
18 dünne Speckscheiben
versch. Salate (Vogerlsalat, Staudensellerieblätter, Rucola, Kresse, Frisée) Salz, Pfeffer

FÜR DAS BOHNENPÜREE:

100 g gekochte und passierte weiße Bohnen
30 g Butter
30 g Sahne
Gemüsefond nach Bedarf

FÜR DIE BOHNEN:

100 g gekochte weiße Bohnen
1 Thymianzweig
2 EL Olivenöl
1 TL weißer Balsamicoessig
Salz, Pfeffer aus der Mühle

FÜR DIE TOMATEN:

120 g Cherry-Tomaten (rot, gelb)
3 EL Olivenöl
1 TL Basilikum und/oder Blattpetersilie, gehackt
1 TL fein gehackte Schalotten
1 Spritzer Weißwein
wenig Knoblauch

Bodenseezander auf glaciertem Chicorée mit Balsamicosauce

Zander sauber filetieren und zuputzen. In 12 gleichmäßig große Stücke teilen und mit Salz, Pfeffer und Cayennepfeffer würzen. In Butterschmalz goldbraun anbraten. Die Chicoréestangen halbieren und den Strunk V-förmig ausschneiden. In Butter anbraten, etwas Karamell beigeben und mit Weißwein ablöschen. Zugedeckt gardämpfen. Die austretende Flüssigkeit und der Weißwein sollten ausreichen, ansonsten noch etwas Weißwein nachgießen. Der Chicorée sollte schön glänzen.

Für die Sauce Schalotten in Butter anschwitzen und mit Weißwein ablöschen. Den Fischfond angießen, einreduzieren, Sahne angießen, einreduzieren und am Schluss mit Butter montieren.
Die fertige Sauce mit Balsamicoreduktion aromatisieren und mit etwas geschlagener Sahne verfeinern.

TIPP Balsamicoreduktion stellen Sie einfach durch Einkochen eines guten Balsamicoessigs her. Diese Essenz ist intensiver im Geschmack und sollte daher sparsam verwendet werden. In ein Dosierfläschchen gefüllt, kann man damit auch hervorragend Teller ausgarnieren.

ZUTATEN FÜR 6–8 PORTIONEN:

1 mittelgroßer Zander
(800 g–1 kg)
80 g Butterschmalz
3 Chicoréestangen
40 g frische Butter
1 EL Karamell
80 ml Weißwein
Salz, Pfeffer, Cayennepfeffer

FÜR DIE SAUCE:

100 ml Fischfond (s. S. 43)
100 ml Weißwein
1 TL Schalotten, fein geschnitten
100 g Butter
100 ml Sahne
Balsamicoreduktion
Salz, Pfeffer, Zitrone

Hechtwürstchen mit Krebsen auf Balsamicolinsen

Aus dem Hechtfleisch, 2 Eiern und 1/4 l Sahne eine Hechtfarce, wie auf Seite 102 beschrieben, herstellen. Mit Salz, Pfeffer und Muskatnuss abschmecken. Kaltstellen.

Die Flusskrebse kochen und ausbrechen. Das Fleisch beiseite stellen. Die Schalen zerstoßen und in Olivenöl anrösten, die Schalotten kurz miträsten und mit Cognac ablöschen. Dann die Sahne zugießen und kurz aufkochen lassen. Die Sauce einreduzieren und mit Cayenne, Salz und Pfeffer abschmecken. Die Sauce komplett auskühlen lassen und in die Hechtfarce einarbeiten. Am Schluss das Flusskrebsfleisch beigeben und vermischen.
Aus dieser Masse mit einem Spritzsack ohne Tülle kleine Würstchen aufdressieren. In Fischfond bzw. leicht gesalzenem Wasser pochieren und auskühlen lassen. In Butterschmalz anbraten.

Belugalinsen einweichen (4 Stunden) und in Salzwasser bissfest kochen. Schalotten und Gemüsewürfelchen in Butter anschwitzen und mit Balsamico ablöschen. Dann Gemüsefond aufgießen und bis zur leichten Bindung einköcheln lassen. Mit Salz und Pfeffer aus der Mühle abschmecken.

Die Würstchen auf den Linsen anrichten und mit Röstzwiebeln oder gerösteten Schalotten garnieren.

ZUTATEN FÜR 6–8 PORTIONEN:

400 g Hechtfleisch
2 Eier
200 ml süße Sahne
1 l Fischfond (s. S. 43)
Butterschmalz zum Braten
Salz, Pfeffer, Muskatnuss

FÜR DIE BALSAMICOLINSEN:
100 g Belugalinsen
150 g feine Gemüsewürfelchen
(Karotten, Sellerie, Lauch)
30 g Butter
40 g gewürfelte Schalotten
50 ml Gemüsefond (s. S. 44)
alter Balsamico
Salz, Pfeffer

FÜR DIE KREBSE:
24 Krebse
2 Schalotten
30 ml Olivenöl
100 ml Sahne, 1 Schuss Cognac
1 Prise Cayennepfeffer
Salz, Pfeffer

Zander in feiner Kruste mit Kartoffelpüree und Roten Rüben, aromatisiert mit Walnussöl

Die Zanderfilets leicht würzen und mit Eiweiß auf einer Seite einpinseln. Diese in Brösel legen und leicht andrücken. Die bebröselte Seite in heißer, geklärter Butter erst etwas schärfer, dann auf mittlerer Hitze goldbraun braten. Wenden und sofort anrichten.

Für das Kartoffelpüree die noch heißen, pürierten Kartoffeln in die kochende Milch-Sahnemischung geben und mit der braunen, abgesiebten Butter verfeinern. Mit Salz, Pfeffer und ordentlich Muskat abschmecken.

Die Roten Rüben unter kaltem Wasser mit einer Bürste sauber putzen und waschen. Dann im Ganzen mit den Gewürzen in reichlich Wasser kochen. Schälen (Ziehen Sie dazu Gummihandschuhe an, ansonsten wird man Ihnen für längere Zeit ansehen können, was Sie gekocht haben!) und in mittelgroße Würfel schneiden. Mit einem Teil des Kochsudes bedecken und einige Minuten bei geringer Hitze ziehen lassen. Das Kartoffelpüree mittig auf tiefen Tellern anrichten, die Roten Rübenwürfel mit dem eigenen Jus außen rundum verteilen, mit hochwertigem Walnussöl beträufeln und die knusprigen Zanderstücke auf das Püree geben.

ZUTATEN FÜR 6 PORTIONEN:

FÜR DEN ZANDER:

6 Zanderfilets ohne Haut à 120 g
2 Eiklar
200 g feine Semmelbrösel
80 g geklärte Butter
Salz, Pfeffer
30 ml Walnussöl

FÜR DIE ROTEN RÜBEN:

400 g Rote Rüben
1 EL weißer Balsamicoessig
1 TL Kümmel
etwas Meersalz

FÜR DAS KARTOFFELPÜREE:

350 g gekochte, passierte Kartoffeln
100 ml Sahne
100 ml Milch
100 ml geklärte Butter
Salz, Pfeffer, Muskat

Zanderfilet auf geschmortem Lauch mit Balsamicoschalotten

Große Zanderfilets portionieren. Die Gräten zupfen, mit Salz und Pfeffer würzen und in etwas Butter anbraten. Die Filets aus der Pfanne nehmen und warmstellen. Den Bratensatz mit der restlichen Butter lösen, darin die Schalotten und die Wiesenkräuter kurz schwingen, Tomaten beigeben und mit einem Spritzer Zitrone abschmecken.

Den Lauch zuputzen und der Länge nach halbieren. 3 Minuten in Salzwasser blanchieren. Dann in Eiswasser abschrecken und gut abtropfen lassen. In Olivenöl anbraten, vom Herd ziehen und zugedeckt kurz schmoren lassen.

Für die Sauce die Schalotten mit dem Balsamicoessig und dem Sherryessig auf die Hälfte einreduzieren, dann den Fischfond beigeben und wieder auf die Hälfte reduzieren. Mit kalter Butter montieren. Den Lauch anrichten, die Zanderstücke darübergeben und mit der Kräuterbutter nappieren. Wenig von der Sauce auf die Teller geben und heiß servieren.

TIPP Die Haut des Zanders mit einem scharfen Messer fein einschneiden, er gart so schneller und gleichmäßiger, was vor allem bei größeren Fischen sinnvoll ist.

ZUTATEN FÜR 4 PORTIONEN:

FÜR DIE SAUCE:

100 g Schalotten
200 ml Balsamicoessig
20 ml Sherry-Essig
200 ml Fischfond (s. S. 43)
30 g kalte Butter
Salz, Pfeffer aus der Mühle

FÜR DEN ZANDER:

400 g Zanderfilet
80 g frische Butter
2 EL frisch gehackte Wiesenkräuter (Sauerampfer, Löwenzahn, Bärlauch, Spitzwegerich)
2 enthäutete Tomaten
1 EL gehackte Schalotten
Salz, weißer Pfeffer aus der Mühle

FÜR DEN LAUCH:

2 Bund Frühlingslauch
40 g Olivenöl
Salz, Pfeffer, Muskat

Forelle „Müllerin“

Die Fische ausnehmen, abwaschen und trocken tupfen. Mit Salz und Pfeffer würzen, leicht mehlen und in Butter braten. Portionsforellen sind nach 3–4 Minuten Bratzeit auf jeder Seite gar. Die Fische aus der Pfanne direkt auf einer vorgewärmten Platte anrichten. Das Bratfett abgießen und in der heißen Pfanne Butter aufschäumen. Mit den halbierten Zitronen und einem Petersiliensträußchen garnieren. Unverzüglich auftragen. Dazu die Dampf- oder Petersilienkartoffeln reichen.

Zutaten für 4 Portionen:

4 Forellen zu je 250–300 g
80 g Butterschmalz
etwas Mehl zum Wenden
80 g frische Butter
2 Zitronen
Salz, Pfeffer
gedämpfte Kartoffeln als Beilage

Eisch

küche

BACKEN, FRITTIEREN & GRATINIEREN

Bachsaibling im Wiesenkräutermantel

Die Saiblinge am besten gleich beim Fischhändler entschuppen und ausnehmen lassen. Zu Hause nochmals unter fließendem Wasser gut waschen und trockentupfen. Innen mit Salz, frisch gemahlenem Pfeffer und etwas von den gemischten Kräutern würzen.

Danach werden auf einem flachen Teller die Eier mit dem Rest der Kräuter sowie dem Reibkäse gut miteinander verschlagen. Nun die Saiblinge nacheinander zuerst beidseitig in Mehl wenden und dann durch die Eier ziehen, so dass sie gut von einem Eier-Kräutermantel umhüllt sind. Währenddessen bereits das Olivenöl mit etwas Butter erhitzen und die Fische darin bei mäßiger Hitze halb zugedeckt langsam auf beiden Seiten goldbraun braten.

Saiblinge herausheben, Fett abtupfen oder abtropfen lassen und mit den Kräutern garniert anrichten. Als Beilage empfehlen sich gemischter Blattsalat und gedämpfte Kartoffeln.

ZUTATEN FÜR 4 PORTIONEN:

4 küchenfertige Saiblinge
à 300–400 g
4 EL gehackte Kräuter (Estragon, Kerbel, Sauerampfer, Bärlauch, Petersilie)
Mehl zum Wenden
3–4 Eier
3 EL Reibkäse
2 EL Butter
1 EL Maiskeimöl
Salz, Pfeffer aus der Mühle
einige Kräuterzweiglein zum Garnieren

Brandade von Räucherfelchen

Kartoffeln schälen und kochen. Durch die Flotte Lotte passieren und die restlichen Zutaten in der Küchenmaschine gut vermengen.

Aus dieser Masse kleine Nockerl ausstechen und leicht einfrieren. Dann panieren und frittieren bis die Nockerl goldbraun sind. Schmecken perfekt mit Safran-Aioli (s. S. 56) und frischem Rucolasalat.

ZUTATEN FÜR 4 PORTIONEN:

100 g geräucherte Felchen (Reinanken)
400 g mehlige Kartoffeln
50 g Crème fraîche
5 Eigelb
2 Knoblauchzehen, fein gehackt
20 g Dill, fein gehackt
Mehl, Ei und Brösel für die Panier
Salz, Pfeffer, Muskat

Eglifilets in Bierteig

Zuerst den Teig zubereiten, indem man das Mehl mit den Eiern, dem Bier sowie einer Prise Salz zu einem glatten Teig vermengt und diesen mindestens 1/2 Stunde rasten lässt. Dieser zieht dann in der Regel doch etwas nach und sollte wenn notwendig noch etwas verdünnt werden.

Währenddessen Eglifilets waschen, mit Küchenkrepp trockentupfen und sorgfältig mit einer Küchenpinzette entgräten. Beidseitig leicht salzen und pfeffern. Mit einigen wenigen Tropfen Zitronensaft beträufeln und in Mehl wenden und gut abklopfen.

In einer großen Pfanne genügend viel Schmalz erhitzen. Die Eglifilets nacheinander durch den Bierteig ziehen und im heißen Schmalz beidseitig goldbraun backen. Die fertigen Filets herausheben, gut abtropfen lassen oder mit einem Küchenkrepp abtupfen. Mit Zitronenspalten garnieren und auftragen.

Dazu passen Butterkartoffeln und Sauce tartare (s. S. 56)!

ZUTATEN FÜR 4-6 PORTIONEN:

FÜR DEN BIERTEIG:
150 g Mehl
2 Eier
150–200 ml Bier
Salz

FÜR DIE EGLIFILETS:
36 schöne Eglifilets (Flussbarsch)
Mehl zum Wälzen
Butter- oder Schweineschmalz zum Backen
Zitronenspalten zum Garnieren
wenig Cayennepfeffer
Salz, Pfeffer

Gebackener Seesaibling mit Tahini (Sesampaste)

Den Backofen auf 200 °C vorheizen. Boden und Seitenwände einer großen, flachen, feuerfesten Form einfetten.
Den Fisch auf beiden Seiten mit einem scharfen Messer mehrmals einschneiden. Korianderkörner und Knoblauch im Mörser fein zerreiben, mit der Harissa-Sauce und etwa 4 EL Olivenöl verrühren.
Etwas von der Harissa-Koriander-Knoblauchpaste in die Bauchhöhle des Fisches streichen. Den Rest auf den Außenseiten verteilen und den Fisch beiseite stellen.

Tomaten, Zwiebeln und dünne Zitronenscheiben in die Form legen. 2 EL ÖL darüberträufeln, salzen und pfeffern. Den Fisch darauflegen und reichlich Kräuter ringsum verteilen.

Ohne Deckel rund 25 Minuten backen, bis der Fisch nicht mehr glänzt. Als Garprobe den Fisch an der dicksten Seite einstechen.

In der Zwischenzeit die Sauce zubereiten. Tahini (Paste aus Sesamkörnern), Zitronensaft, Knoblauch und Petersilie bzw. Koriander in einem Topf mit 120 ml Wasser aufsetzen, salzen und pfeffern. Auf kleiner Flamme köcheln, bis die Zutaten gut vermischt sind. Separat zum Fisch servieren.

ZUTATEN FÜR 6-8 PORTIONEN:

1 Seesaibling von gut 1 kg, geschuppt und gesäubert
2 TL Korianderkörner
4 Knoblauchzehen, in Scheiben geschnitten
2 TL Harissa-Sauce (Gewürzpaste aus Chilischoten)
6 EL Olivenöl
6 Eiertomaten, in Scheiben
1 Zwiebel, in Ringen
1 Zitrone
75 ml Tahini (Sesampaste)
Lorbeer, Thymian und Rosmarin
Salz, schwarzer Pfeffer

Flusskrebs-Crème brulée

Alle Zutaten mischen und gut verrühren, bis das Eigelb und das Ei aufgelöst sind. In kleine Soufflée-Formen füllen und ohne Umluft bei 100 °C ca. 30 Minuten backen, bis die Masse stockt.

Auskühlen lassen, mit braunem Zucker bestreuen und mit einem Bunsenbrenner flämmen. Streuen Sie den Zucker immer unmittelbar nur auf die jeweils zu brennende Crème brulée, damit er sich nicht mit Wasser vollsaugen kann.

ZUTATEN FÜR 4 PORTIONEN:

40 ml Krebsenfond (kräftig einreduziert) (s. S. 45)
160 ml Sahne
50 ml Milch
3 Eigelb
1 Ei
1 Prise Fünf-Gewürzepulver
Salz, Pfeffer, Muskat
Brauner Zucker zum Flämmen

Ausgebackene Gründlinge

Die Gründlinge schuppen und ausnehmen. Waschen und auf Küchenpapier abtropfen lassen. Zum Schluss abtupfen, damit sie schön trocken sind.

In Milch legen und kurz darin ziehen lassen. Herausnehmen, leicht salzen und pfeffern, dann in einem Suppenteller im Grieß wenden. Zwischen den Handflächen leicht rollen, damit der überflüssige Grieß abfällt.

Das Fett zum Frittieren auf 180 °C erhitzen. Die Gründlinge darin schwimmend ausbacken, bis sie golden und knusprig geworden sind. Auf Küchenpapier entfetten.

Auf einer heißen mit einer Serviette ausgelegten Platte anrichten, mit Petersilienbüscheln und einer halben Zitrone garnieren.

Dazu eine bereits vorher zubereitete Senf-Mayonnaise (Grundmayonnaise s. S. 54 mit Senf) reichen.

Zutaten für 4 Portionen:

1 1/4 kg Gründlinge
1/4 l Milch
100 g Weizengrieß
Frittierfett
1–2 Bund krause Petersilie
2 Zitronen
Salz, Pfeffer

Gratinierte Felchenfilets mit Apfelkrensauce

Die Felchenfilets entgräten, salzen, pfeffern und mit Zitronensaft beträufeln. Eine feuerfeste Form mit Butter gut ausstreichen, die Felchenfilets einlegen, mit flüssiger Butter bestreichen und im vorgeheizten Backrohr bei 180 °C 3–5 Minuten garen. Währenddessen den Apfel auf dem Reibeisen reiben und sofort mit Zitronensaft vermischen. Schmand mit dem geraspelten Apfel sowie frisch gerissenem Kren und dem Eidotter vermengen, mit Salz und Pfeffer würzen und auf die Filets streichen. Nun bei großer Oberhitze noch einige Minuten gratinieren.

TIPP Für experimentierfreudige Gaumen lässt sich der Apfel auch durch geriebene Birnen ersetzen.

ZUTATEN FÜR 4–6 PORTIONEN:

8–12 Felchenfilets (Reinanke)
Salz, Pfeffer, Zitronensaft
Butter zum Bestreichen

ZUM GRATINIEREN:

1 nicht zu saurer Apfel
1 Schuss Zitronensaft
125 ml Schmand (Crème fraîche oder Rahm)
1 Eidotter
2 EL frisch gerissener Kren
Salz, Pfeffer

Gebackener Hecht

Den Hecht schon vom Händler vorsichtig schuppen und ausnehmen lassen. Zu Hause noch einmal gründlich waschen.
Für die Farce die Butter zimmerwarm und weich werden lassen. Mit der sehr fein gehackten Petersilie und den gehackten Perlzwiebeln sowie den frisch geriebenen Bröseln innig vermischen. Eine feuerfeste Form in Größe des Hechts mit Butter einstreichen. Die gehackten Schalotten darüberstreuen und den Hecht darauflegen. Innen und außen salzen und pfeffern. Die Oberseite mit der Weißbrotfarce bestreichen. In den auf 200 °C vorgeheizten Ofen auf der mittleren Schiene schieben.

Nach 5 Minuten herausziehen und mit Brühe und Wein aufgießen. Weitere 20 Minuten braten, dabei häufig begießen. Zum Schluss muss der Hecht eine herrliche braune Kruste haben.

Den Hecht auf eine vorgewärmte Servierplatte legen und im ausgeschalteten Ofen warmhalten.

Das Obers in die Bratform gießen und mit dem Holzspachtel die Flüssigkeit vermischen. Mit einem Spritzer Zitronensaft, Pfeffer und Salz abschmecken. Etwas gehackten Kerbel in die Sauce rühren und den Hecht damit umgießen.

Zutaten für 4 Portionen:

1 Hecht von etwa 1,5 kg
50 g Butter
50 g gehackte Petersilie
100 g gehackte Perlzwiebeln
60 g frisch geriebenes Weißbrot
Butter für die Form
2 Schalotten
1 Schöpflöffel Fleischbrühe
1/4 Fl. trockener Riesling
1/4 l Obers
1/4 Zitrone
etwas Kerbel
Salz, Pfeffer

Lachsforelle in der Salzkruste

Forelle sauber auswaschen und trockentupfen. Mit Karotten- und Fenchelstreifen sowie Zitronenscheiben und den Kräutern füllen. Das Meersalz mit dem Eiweiß zu einen kompakten „Brei" mischen. Diesen dann fingerdick auf ein Blech mit Backpapier in überzeichneter Größe der Forelle auftragen. Die Forelle darauflegen und mit der restlichen Salzmasse einpacken.

Im Ofen bei 170 °C ca. 50 Minuten garen. Als Beilage passen Spitzen-Olivenöl und Zitrone, gedämpfte Kartoffeln und Safran-Aioli (s. S. 56).

ZUTATEN FÜR 6 PORTIONEN:

1 Lachsforelle zu 1,5 kg
2,5 kg grobes Meersalz
150 ml Eiweiß
1 Karotte
1 Fenchelknolle
1 Zitrone
Dill und Petersilienstängel

TIPP Für diese Garungsmethode eignen sich nur große Fische ab 1,5 kg, da sonst der Salzgeschmack zu intensiv wird. Auch ist es ratsam, die Fische nicht zu schuppen, damit nicht zu viel Salz einziehen kann.

Wels-Piccata auf Radicchio-Risotto mit Balsamicoschaum

Zuerst die Hälfte der Schalotten in Butter anschwitzen und darin den Reis glasig werden lassen. Die andere Hälfte in Butter anschwitzen und darin den nudelig geschnittenen Radicchio anschwitzen. Mit Weißwein ablöschen, damit sich die Farbe schön löst. Dann den Reis ebenfalls mit dem Weißwein ablöschen, etwas einköcheln lassen und mit einem Teil der Gemüsebrühe auffüllen. Nun die Gemüsebrühe aufnehmen lassen und immer wieder einen Teil der Flüssigkeit nachgeben. Es ist sehr wichtig, dass der Reis die Gemüsebrühe nach und nach aufnehmen kann. Es ist in dieser Phase nicht notwendig, im Topf zu rühren, es genügt, die am Topfboden anhängenden Reiskörner durch kräftiges Schwenken von Zeit zu Zeit zu lösen. Erst am Ende der Garzeit wird dann der angedünstete Radicchio dazugegeben, kräftig geschwenkt und Olivenöl und Käse einmontiert. Diesen herrlichen Risotto mit 2 EL geschlagener Sahne verfeinern – aber nicht ganz unterrühren.

Den Wels in Schnitzelchen schneiden, salzen, pfeffern und mehlen und dann durch das Parmesan-Kräuter-Ei-Gemisch ziehen und goldbraun ausbacken. Für den Balsamicoschaum die Beurre blanc leicht erhitzen, Balsamico beifügen und mit dem Mixstab aufschäumen. Die Piccata auf dem Risotto anrichten und mit Balsamicoschaum servieren.

ZUTATEN FÜR 6 PORTIONEN:

FÜR DEN FISCH:

300 g Welsfilet
2 Eier, 40 ml Sahne
60 g geriebener Parmesankäse
1 EL gehackte Kräuter, (Rosmarin, Salbei, Petersilie, Thymian)
Salz, Pfeffer, Mehl zum Wenden
Butterschmalz zum Ausbacken

FÜR DEN RISOTTO:

200 g Arborio-Reis
150 ml Weißwein
650 g Gemüsebrühe
80 g Schalotten, 40 g Butter
60 g geriebener Hartkäse (Parmesan oder Pecorino)
40 g kalt gepresstes Olivenöl
1 kleiner Radicchiokopf
2 EL geschlagene Sahne

FÜR DEN BALSAMICOSCHAUM:

100 ml Beurre blanc (s. S. 51)
20 ml alter Balsamico

Wallerfilets in Bierteig auf Avocado-Tatar

Zutaten für 4-6 Portionen:

Für den Bierteig:

150 g Mehl
2 Eier
150–200 ml Bier, Salz

Für den Wels:

250 g Welsfilet
Salz, Pfeffer, Cayennepfeffer
Mehl zum Wenden
Butterschmalz zum Ausbacken

Für das Avocadotatare:

1 große Avocado
1/2 rote Paprikaschote
2 fein geschnittene Schalotten
frische Petersilie und Koriandergrün
Zitronensaft, Olivenöl, Salz, Pfeffer, Chili

Zuerst den Teig zubereiten, indem man das Mehl mit den Eiern, dem Bier sowie einer Prise Salz zu einem glatten Teig vermengt und diesen mindestens 1/2 Stunde rasten lässt. Dieser zieht dann in der Regel noch etwas nach und sollte wenn notwendig noch etwas verdünnt werden.

Währenddessen Welsfilet waschen, mit Küchenkrepp trockentupfen und enthäuten. In kleine, eher flachere Schnitzelchen schneiden und beidseitig leicht salzen und pfeffern. (Auch eine Prise Cayenne gibt dem Ganzen eine rassige Note.) Mit einigen wenigen Tropfen Zitronensaft beträufeln, in Mehl wenden und gut abklopfen.

In einer großen Pfanne genügend viel Schmalz erhitzen. Die Wallerstückchen nacheinander durch den Bierteig ziehen und im heißen Schmalz beidseitig goldbraun backen. Die fertigen Filets herausheben, gut abtropfen lassen oder mit einem Küchenkrepp abtupfen.

Für das Avocado-Tatar die Frucht schälen, entkernen und fein würfelig schneiden. Mit der würfelig geschnittenen Paprika, den Schalotten und den frisch gehackten Kräutern vermischen, mit Salz, Pfeffer, Chili, Zitronensaft und etwas Olivenöl abschmecken und mit einem runden Ausstecher formen.

Auf das Tatar die noch heißen, saftigen Wallerschnitzelchen anrichten.

Zander mit Sauce von roten Paprika gratiniert

Zanderfilet entgräten und mit einem scharfen Messer in hauchdünne Scheibchen schneiden. Diese in gebutterte, tiefe Teller legen und mit Salz, Pfeffer und Cayennepfeffer würzen. Die Schalotte ganz fein schneiden und über den Zander streuen. Mit etwas Weißwein beträufeln und im Ofen bei starker Oberhitze nur kurz steif werden lassen.

Dann Paprikaschaumsauce erwärmen, von der Platte nehmen, die Sauce hollandaise und die geschlagene Sahne unterheben und damit den Zander nappieren, das heißt vollständig mit der Sauce überziehen. Unter dem Salamander oder im Ofen bei großer Oberhitze so lange gratinieren, bis das Ganze eine schöne Farbe erhält.

Mit Wildreis servieren.

Zutaten für 4-6 Portionen:

Für den Zander:

400 g Zanderfilet
1 Schalotte
etwas Butter für die Form
80 ml Weißwein
Salz, Pfeffer, Cayennepfeffer

Für die Gratinsauce:

100 ml Paprikaschaumsauce (s. S. 53)
100 ml Sauce hollandaise (s. S. 50)
50 ml geschlagene Sahne

Aaltorte mit weißer Butter

Den Aal vom Fischhändler bereits häuten lassen. Die Filets sauber von der Rückengräte schneiden, würfeln und über Nacht im Weißwein durchziehen lassen.

Die Farce, wie auf Seite 102 beschrieben, zubereiten. Zum Schluss noch die Kräuter und die angedünsteten Champignons untermischen. Die Farce dann in eine Schüssel füllen und kaltstellen (am besten kurz in das Gefrierfach oder den Tiefkühler).

Die Aalstücke in einem Sieb abtropfen lassen. In einem Topf die Butter zergehen lassen, die gehackten Schalotten und die Aalstücke zufügen, langsam andünsten und fast gar werden lassen. Mit Salz und Pfeffer würzen und abkühlen lassen.

Eine Springform von etwa 20 cm Durchmesser mit 2/3 des fein ausgerollten Blätterteigs auskleiden. Einen der beiden Palatschinken hineinlegen. Die Hälfte der Farce draufstreichen. Darauf wiederum die Aalstücke gleichmäßig verteilen und mit der zweiten Hälfte der Farce abdecken. Den anderen Eierkuchen drüberlegen, die überstehenden Blätterteigränder nach innen schlagen. Mit Wasser bestreichen und eine aus dem letzten Drittel des Blätterteiges dünn ausgerollte Platte von 20 cm Durchmesser drauflegen. An den Rändern fest mit der unteren Teigplatte verbinden. In die Mitte noch einen kleinen Kamin einschneiden, dann die Oberfläche mit verquirltem Eigelb bestreichen und mit der Messerspitze verzieren.

Die Pastete in den auf 200 Grad vorgeheizten Ofen schieben und etwa 30 Minuten backen. Herausnehmen und mit weißer Butter servieren.

ZUTATEN FÜR 4 PORTIONEN:

1 Aal von etwa 1 kg
1/4 l trockener Weißwein
2 Palatschinken, ungesüßt
40 g Butter
4 Schalotten
300 g Blätterteig
Mehl zum Ausrollen
1 Eigelb zum Bestreichen
Salz, Pfeffer

FÜR DIE FARCE:

250 g faschiertes Fischfleisch (Forelle, Hecht, Karpfen, Schleie etc.)
4 Eier
Salz, Pfeffer, Muskatnuss
1/4 l Sahne
2 EL gehackte Kräuter (Petersilie und Kerbel)
100 g gehackte, in Butter angeschwitzte Champignons

WEITERS:

weiße Butter (Beurre blanc)
(s. S. 51)

Karpfen in Bier mit feiner Kräuterfüllung

Den Karpfen schuppen, ausnehmen, waschen und auf Küchenpapier abtrocknen. Die Karpfenmilch kann, muss aber nicht in die Füllung verarbeitet werden.
Für die Füllung Weißbrot und geriebenen Lebkuchen in Milch einweichen. Auspressen und in eine Schüssel geben. Die zimmerwarme Butter zufügen, ebenso die gehackten und in etwas Butter angeschwitzten Champignons, die gehackten Kräuter und das Eigelb. Die Karpfenmilch zerdrücken und mit den Gewürzen unter die Brotmischung arbeiten. Den Karpfen innen und außen pfeffern und salzen. Mit der vorbereiteten Masse füllen. In eine mit Butter ausgestrichene und mit gehackten Schalotten bestreute feuerfeste Form legen. Mit reichlich zerlassener Butter einstreichen. Seitlich das Bier und den Fischfond angießen. Mit einem Blatt Alufolie in den auf 200 °C vorgeheizten Ofen schieben. Etwa 35 Minuten gar ziehen lassen, zwischendurch immer wieder mit dem Bier begießen.
Den fertig gegarten Karpfen vorsichtig aus der Form heben und auf eine Servierplatte legen. Wieder mit Alufolie zudecken und im ausgeschalteten, leicht geöffneten Ofen warmhalten.

Die Pochierflüssigkeit in einem Brattopf rasch einkochen. Nach einigen Minuten die Tomaten- und Lebkuchenwürfel zufügen. Vom Feuer nehmen und mit der restlichen, in kleinen Stücken zugefügten Butter binden. Noch einmal abschmecken, dann den Karpfen damit begießen. Mit der gehackten Petersilie bestreuen und sofort servieren.

ZUTATEN FÜR 4–6 PORTIONEN:

FÜR DEN KARPFEN:

1 schöner Karpfen von etwa 2 kg, mit Milch
200 g Butter
4 Schalotten
2 Flaschen helles Bier zu je 0,33 l
150 ml Fischfond (s. S. 43)
2 Tomaten, enthäutet und gewürfelt
50 g gewürfelter Lebkuchen
1 EL gehackte Petersilie
Salz, Pfeffer

FÜR DIE FÜLLUNG:

100 g frisch geriebenes Weißbrot
50 g geriebener Lebkuchen
100 ml Milch
50 g Butter
50 g Champignons
etwas Butter zum Dünsten der Champignons
je 1 gehäufter EL gehackter Kerbel, Schnittlauch und Petersilie
3 Eigelb
1 Prise Fünf-Gewürzepulver

Fisch

küche

GRILLEN & RÄUCHERN

Steckerlfisch

Steckerlfische lassen sich auf dem Gartengrill leicht zubereiten.

Die Fische werden zunächst ausgenommen, gut zugeputzt, bei Bedarf geschuppt, gewaschen und mit Küchenkrepp trockengetupft. Dann schröpft man sie mit einem sehr scharfen Messer, indem man sie beidseitig in Abständen von ca. 2 mm einschneidet.

Die Fische werden innen und außen gut gesalzen, wobei das Salz etwa eine halbe Stunde bis eine Stunde einwirken soll, und auf die Holzspießchen gesteckt. Dann werden die Fische über der mit grünem Holz angereicherten Holzkohlenglut langsam knusprig und kross gebraten.

Das viel Rauch bildende grüne Holz benötigt man deshalb, weil die Steckerlfische sowohl gegrillt als auch geräuchert werden sollen. In Alufolie eingewickelte Erdäpfel mitbraten und gut gesalzen gemeinsam mit den Steckerlfischen servieren.

Zutaten für 4–6 Portionen:

12 Weißfische (Rotaugen, Näslinge, Brachsen, Barben o. ä.)
bzw. Reinanken
oder Saiblinge von
ca. 10–15 cm Länge
8 Weichholzspießerl von
ca. 50 cm Länge
Holzkohlenglut
grünes Holz
Erdäpfel nach Belieben
Alufolie
Salz

Felchen im Speck-Lorbeermantel gegrillt

Felchen auswaschen und innen leicht salzen und pfeffern. Jeweils 3 Speckscheiben nebeneinander legen, ein Lorbeerblatt daraufgeben und dann die Felchen. Auf die Felchen ein weiteres Lorbeerblatt legen und dann die Speckscheiben darüberschlagen. Mit Bratenschnur vorsichtig binden und bei mittlerer Glut von jeder Seite 5–6 Minuten grillen.

Hervorragend mit Rouille (s. S. 55) und/oder Safran-Aioli (s. S. 56).

Zutaten für 6 Portionen:

6 Felchen in Portionsgröße (Reinanke)
18 Speckscheiben
12 Lorbeerblätter
Salz, Pfeffer aus der Mühle

Grillierte Bodenseefelchen auf Randig mit Wasabi-Sauerrahmmousse

Sauerrahm mit Wasabi, Zitronensaft und den Gewürzen mischen. 3–4 EL leicht erhitzen und darin die zuvor in kaltem Wasser eingeweichten Gelatine-Blätter auflösen. Mit der Sauerrahm-Wasabi-Masse mischen und dann die geschlagene Sahne unterziehen.

Die Scheiben von der Roten Rübe zart würzen und marinieren, dann mit einem heiß gemachten Löffel Nocken aus dem Wasabi-Mousse stechen und darauf anrichten.

Die Felchen leicht würzen und mit Olivenöl bepinseln. Bei starker Oberhitze unter dem Grill die Fleischseite kurz angaren und dann wenden. Grillieren, bis die Haut Blasen wirft, diese dürfen leicht bräunen. Dann ist der Fisch mit Sicherheit gar, er darf innen getrost noch ein wenig glasig sein.

Als Sauce passt perfekt Kren-Schaum. (s. S. 51)

ZUTATEN FÜR 6 PORTIONEN:

FÜR DEN FISCH:

6 Felchenfilets (Reinanke), entgrätet
Salz, Pfeffer
Olivenöl

FÜR DIE ROTEN RÜBEN:

18 dünne Scheiben von der Roten Rübe
1 TL weißer Balsamico
1 TL Kümmel
etwas Meersalz
2 EL natives Olivenöl

FÜR DIE MOUSSE:

250 ml Sauerrahm
1 TL Wasabipulver
4 Blatt Gelatine
200 g Sahne
Salz, weißer Pfeffer aus der Mühle, Muskat
Saft von einer halben Zitrone

Brandade von Räucherfischen mit Avocado-Grapefruitsalat und Traubenkern-Emulsion

Für die Brandade Kartoffeln mit der Sahne und den Gewürzen weich kochen. Den grob gewürfelten Räucherfisch dazugeben und 20 Minuten zugedeckt durchziehen lassen. In der Küchenmaschine mit dem Bischof oder dem Knethaken zu einer feinen Paste abarbeiten und nach und nach das Traubenkernöl und die Crème fraîche einmontieren.

Für den Avocadosalat die Avocados schälen und in schöne Würfel schneiden, mit Zitrone beträufeln und kaltstellen. Chili halbieren und entkernen, Grapefruits mit einem scharfen Messer abschälen, und zwar so, dass die weiße Haut komplett entfernt wird. Dann die Filets zwischen den Trennhäutchen herausschneiden. Die Chicoréeblätter ablösen, durchwaschen und gefällig schneiden. Alles mischen und mit etwas Koriandergrün verfeinern.

Für die Emulsion die Zutaten kurz aufmixen.

Den Salat locker auf einen Teller verteilen, die Brandade zu Nocken abdrehen und anrichten. Vor dem Servieren den Salat mit der Traubenkernöl-Emulsion beträufeln und sofort servieren.

Dazu passt kurz geröstetes Baguette.

ZUTATEN FÜR 4-6 PORTIONEN:

100 g geschälte Kartoffeln
100 g Sahne, 20 g Crème fraîche
1 Knoblauchzehe
2 Thymianzweige
100 g Räucherlachs
2 EL Traubenkernöl
einige Spritzer Zitrone
Salz, Pfeffer, Cayennepfeffer

FÜR DEN SALAT:

1 reife Avocado, 2 Grapefruits
1 rote Chilischote
1 weißer Chicoree
Koriandergrün oder frische Blattpetersilie

FÜR DIE EMULSION:

4 EL Grapefruitsaft
6 EL Traubenkernöl
1 TL gehackter Ingwer
etwas Quitten-Essig
Salz, weißer Pfeffer, Koriander

Dörrzwetschken mit Vulcano-Speck und Räucheraal

Dörrzwetschken entsteinen und möglichst ganz lassen. Mit fingerdicken Räucheraalstückchen füllen und mit den Speckscheiben umwickeln. Dann mit einem Zahnstocher fixieren und braten.
Eine herrliche, flippige Ergänzung zu Fischvorspeisen, aber auch als Beilage zu deftigen Fischsuppen hervorragend geeignet.

ZUTATEN FÜR 4 PORTIONEN:

200 g Räucheraalfilet
20 Dörrzwetschken
20 Scheiben Vulcano-Speck (Bauchspeck)

Forelle im Tee-Rauch mit herbstlichem Salat von Birnen und Nüssen

Zutaten für 4 Portionen:

1 Forelle, filetiert, entschuppt und entgrätet
50 g Rauchholz
3 Beutel Ceylon- oder Darjeeling-Schwarztee

Für den Salat:

frischer Blattsalat nach Saison
2 saftige, feste Birnen
1 EL Pinienkerne
1 EL Walnusskerne
1 EL Pistazien
3 frische Feigen

Für die Marinade:

80 ml hochwertiges Sonnenblumenöl
40 ml kalt gepresstes Olivenöl
20 ml Walnussöl
20 ml Balsamicoessig
20 ml Sherryessig
Salz, Pfeffer, Dijonsenf
1 EL Löwenzahnhonig

Lachsforelle auf der Hautseite anbraten, so dass sie zur Hälfte gar ist.

Rauchholz und Tee im Räucherkessel erwärmen, anzünden und die Forelle auf das Gitter legen. Zugedeckt im vorgeheizten Ofen gar räuchern.

Salate putzen, klein zupfen und in kaltem Wasser kurz aber gründlich waschen. Gut abtropfen lassen. Die Birnen ebenfalls sauber abreiben, vierteln, das Kerngehäuse entfernen und jedes Viertel in 3 Spalten schneiden. Die Feigen sechsteln.

Pinienkerne anrösten – das geht ohne Fett in einer heißen Eisenpfanne am besten –, die anderen Nüsse kurz mitschwenken und beiseite stellen.
Aus den oben angeführten Zutaten – ohne das Walnussöl – eine Marinade zubereiten. Salat mit Nüssen, Birnen und Feigen vorsichtig mischen. Erst kurz vor dem Servieren den Salat mit dem Walnussöl beträufeln.

Die geräucherten Fischfilets auf dem Salat anrichten!

Parfait vom Räucheraal

Aus Fischfond, den gehackten Schalotten, den Gewürzen und Crème fraîche eine Veloute kochen. Leicht auskühlen lassen, den Aal beigeben und mixen. Durch ein mittelfeines Sieb streichen, die Gelatine in kaltem Wasser einweichen, wenig Fischfond erhitzen und darin auflösen. Unter die warme Aalmasse rühren. Auf Eis etwas abkühlen – unter ständigem Rühren – dann die geschlagene Sahne unterziehen.

TIPP Als Einlage ein Stück Räucheraal in der Länge der Form in Spinat oder Noriblätter eingepackt sieht sehr schön aus. Falls eine Einlage verwendet wird, 2 Blatt Gelatine mehr verwenden, damit sich die Terrine besser schneiden lässt!

ZUTATEN FÜR EINE HALBRUNDE TERRINENFORM:

FÜR DAS GELEE ZUM CHEMISIEREN:

1 l Fischfond (s. S. 43)
12 Blatt Gelatine

FÜR DAS PARFAIT:

125 ml Fischfond (s. S. 43)
2 Schalotten
125 ml Crème fraîche
180 g Räucheraal, zugeputzt
2 El Kräuter, nicht zu fein gehackt (Kerbel, Dill, glatte Petersilie, Estragon)
250 ml geschlagene Sahne
2 Blatt Gelatine
Zitronensaft, Salz, Cayennepfeffer und Pfeffer aus der Mühle

Räucheraal-Tatar

Alle Zutaten gut vermischen, so dass die typische lila Farbe zum Vorschein kommt, beinahe ein bisschen pink, aber das soll so sein.

Schmeckt am besten mit frischem Toast oder natürlich als Bestandteil einer gemischten Fischvorspeise!

Zutaten für 4 Portionen:

300 g geräuchertes Aalfleisch in Würfeln
50 g Crème fraîche
50 g Sauerrahm
20 g Kren
50 g gekochte, fein geraspelte Rote Rüben
75 g Apfelwürfel (Granny Smith)
Salz, Pfeffer, Muskat, Cayennepfeffer

Koteletts vom Alpenlachs mit gegrilltem Grünspargel und Vanille-Pernodschaum

Die Koteletts leicht salzen und pfeffern und mit Olivenöl bepinseln. Auf die eingeölten Stäbe des Grills legen und 2 Minuten grillen, dann ohne den Fisch zu wenden um 45° drehen – so erhalten Sie ein perfektes Rauten-Grill-Muster –, dann weitere 2 Minuten grillen. Umdrehen und nochmals ca. 2 Minuten grillen.

Der Grünspargel sollte am Rand des Grills gegart werden, da er schnell verbrennt. Wenn er zu „schwitzen" beginnt, auf eine heiße Platte legen und mit Olivenöl beträufeln, einige Spritzer Zitrone und etwas Maldon-Salz beigeben und schon ist der köstlichste Spargel der Welt fertig.

Als Sauce passt perfekt Vanille-Pernodschaum: Die Beurre blanc, das Mark einer Vanilleschote und den Pernod mischen und aufmixen.

ZUTATEN FÜR 6 PORTIONEN:

FÜR DEN ALPENLACHS:

6 schöne Tranchen vom Alpenlachs
Salz
Pfeffer
Olivenöl

FÜR DEN SPARGEL:

500 g Grünspargel
Olivenöl
Maldon-Salz (grobes Meersalz)
Zitrone

FÜR DEN VANILLE-PERNOD-SCHAUM:

200 ml Beurre blanc (s. S. 51)
1 Vanilleschote
4 cl Pernod

Roulade vom geräucherten Alpenlachs mit Wasabi-Mousse und Carpaccio von Roten Rüben

Lachsscheiben auf Klarsichtfolie auslegen.

Sauerrahm mit Wasabi, Zitronensaft und den Gewürzen mischen. 3–4 EL davon leicht erhitzen und darin die zuvor in kaltem Wasser eingeweichten Gelatine-Blätter auflösen. Mit der Sauerrahm-Wasabimasse vermischen und dann die geschlagene Sahne unterziehen. Die Mousse leicht anziehen lassen, auf die vorbereiteten Lachsscheiben streichen, einrollen und kaltstellen. Die Rote-Rüben-Scheiben mit Grund-Vinaigrette marinieren, mit Olivenöl beträufeln und darauf ca. 1 cm dicke Scheiben der Räucherlachsroulade anrichten.

Als Beilage passen Kräutersalat und frisch gerissener Kren hervorragend!

ZUTATEN FÜR 6 PORTIONEN:

300 g geräucherter Alpenlachs in Scheiben geschnitten
1 gekochte Rote Rübe, geschält und in Scheiben geschnitten
2 EL Grund-Vinaigrette (s. S. 83)
2 EL natives Olivenöl

FÜR DIE MOUSSE:

250 ml Sauerrahm
1 TL Wasabipulver
4 Blatt Gelatine
200 g Sahne
Salz, weißer Pfeffer aus der Mühle, Muskat
Saft von einer halben Zitrone

Zander auf Karotten-Orangenpüree mit Karottenöl

Karotten mit Orangensaft und Ingwer weich kochen. Mit Butter mixen und leicht mit Salz, Pfeffer und einem Hauch Muskat würzen.

Zanderfilets in kleine Stücke schneiden, salzen und pfeffern und mit Karottenöl bepinseln. Unter dem Salamander oder unter starker Oberhitze erst auf der Fleisch- dann auf der Hautseite garen. Auf dem heißen Karotten-Orangenpüree anrichten, mit Karottenöl beträufeln und mit frischem Estragon servieren.

ZUTATEN FÜR 6 PORTIONEN:

FÜR DEN ZANDER:
6 kleine Zanderfilets
50 ml Karottenöl (s. S. 42)
1 EL gehackter Estragon
Salz, Pfeffer

FÜR DAS KAROTTEN-ORANGENPÜREE:
200 g geschälte Karotten, würfelig geschnitten
Saft von drei Orangen
10 g frischen Ingwer
50 g Butter
Salz, Pfeffer, Muskat

Gegrillter Zander mit Fenchel

Mit einem scharfen Messer den Fisch an beiden Seiten dreimal tief einschneiden. Mit Öl einpinseln und mit Salz und Pfeffer würzen. In die Bauchhöhle und in die Einschnitte Fenchelsamen reiben. Beiseite stellen.

Den Grill vorheizen. Den Fenchel in eine feuerfeste Form legen und mit Öl bepinseln. Von jeder Seite 4 Minuten grillen und auf eine große Platte legen.

Den Fisch auf den eingeölten Grillrost legen und mit etwa 10 cm Abstand von jeder Seite 10–12 Minuten grillen, dabei gelegentlich mit Öl bepinseln.

Den Zander auf den Fenchel legen, mit Fenchelgrün garnieren. Den Pernod in einem Topf erhitzen und brennend über den Fisch gießen. Sofort servieren.

ZUTATEN FÜR 6–8 PORTIONEN:

1 Zander von etwa 1,75 kg, ausgenommen und gesäubert
4–6 EL Olivenöl
2–3 TL Fenchelsamen
2 gr. Fenchelknollen, geputzt und in dünne Scheiben geschnitten; das Grün aufbewahren
4 EL Pernod
Salz und schwarzer Pfeffer aus der Mühle

Mille Feuille vom geräucherten Alpenlachs mit Safran-Aioli

Auf das Tramezzinibrot hauchdünn Safran-Aioli aufstreichen, mit dem geräucherten Alpenlachs belegen und anschließend die drei Schichten übereinander bauen. Mit einem scharfen Messer in gefällige Türmchen schneiden und mit den Schalottenringen garnieren.

ZUTATEN FÜR 4 PORTIONEN:

200 g geräucherter Alpenlachs
100 g Safran-Aioli (s. S. 56)
3 große Scheiben Tramezzini-Brot
Schalottenringe

Es ist, was es ist …

Es gab Zeiten, da hätte man einen überraschenden Besuch im Deuring-Schlössle noch mit dem Leben bezahlt. Heute ist aus der einstmals wehrhaften Burg über dem Bodensee ein zauberhaftes kleines Refugium geworden, das alle Vorzüge eines Deluxe Hotels bietet. Erbaut wurde des Schlössle aus einem alten Wehr des 15. Jahrhunderts und hier in der romantischen Bregenzer Altstadt trifft der Gast auf historische, pflanzenumrankte Mauern und gepflegter Geschichte und Tradition. Die geschmackvoll gestalteten Gästezimmer und großzügigen Suiten versetzen mit wertvollen Antiquitäten in längst vergangene Zeiten. Auch die römischen Mauerreste im Weinkeller erinnern an die bewegte Vergangenheit des Deuring-Schlössle.

Die Speisezimmer erinnern noch an die früheren Hausherren. Im Turm- und Gobelinzimmer wird elegant getafelt, das Täferzimmer eignet sich auch einmal für ein Essen im kleinen Kreis und der Rittersaal mit seinem beeindruckenden Kamin ist ideal für Hochzeiten oder Tagungen mit Atmosphäre.

So exklusiv das Flair des Hotels ist, so überzeugend ist die Kochkunst von Heino Huber, der zu den besten Köchen Österreichs zählt und es meisterhaft versteht, regionale und fast ausschließlich biologische Produkte mit den Klassikern der internationalen Küche zu kombinieren. Heino Huber arbeitet eng mit den Produzenten aus der Region zusammen und bringt somit extrem frische und hochqualitative Köstlichkeiten auf den Tisch. Und die Gourmetwelt gibt ihm Recht: Koch des Jahres bei Gault Millau, die begehrte „Trophée Gourmet" des „À la Carte Guide" für kreative Küche, der Goldene Stern des Genie-ßer-Atlas und ein Stern im Guide Michelin sind das Resultat dieser konsequenten Arbeit. Das Deuring-Schlössle wurde vom „Großen Restaurant- und Hotelguide" von Bertelsmann zum „Restaurant 2008 Österreich" gewählt.

*****GOURMETHOTEL DEURING SCHLÖSSLE*
Ehre-Guta-Platz 4
6900 Bregenz, Austria
www.deuring-schloessle.at

Johann Pabst/Christine Dobretsberger

Die neue Kürbisküche

kulinarisch - gesund - vielseitig

140 Seiten
ISBN 978-3-7988-0418-7
EUR 14,90

Lange Zeit vernachlässigt und verschmäht, erobert der Kürbis nun alle Küchen.
Die Palette der Rezeptideen ist unerschöpflich, zumal von den Kernen bis hin zum Fruchtfleisch der (Koch)Fantasie keine Grenzen gesetzt sind.

Der bekannte Haubenkoch des *****Sterne- und Thermenhotels „Der Steirerhof" in Bad Waltersdorf, Johann Papst, hat eine Vielzahl von steirischen Rezepten verfeinert und animiert zum Nachkochen. Mit vielen praktischen Tipps.

Sohyi KIM
Rene Wenzl, Christian Matthai

Heilsame Nahrung

204 Seiten
ISBN 3-7088-0030-3
EUR 19,90

Es gibt viele Nahrungsmittel, die nicht nur gut schmecken, sondern auch einen großen Nutzen für die Gesundheit haben. Das führt die vielfach ausgezeichnete Kochkünstlerin KIM mit zwei Ärzten (Rene Wenzl und Christian Matthai) in diesem Buch eindrucksvoll vor.

PRESSESTIMMEN:

„Wenn KIM kocht, dann geraten die Gäste ins Schwärmen“ *news*

„Für alle, denen es bisher noch nicht gelungen ist, einen Tisch bei der grenzgenialen Köchin zu ergattern, sei zumindest das Buch ein kleiner Trost“ *gusto*

Manfred Buchinger

Natürlich Buchinger

ein schräges Biokochbuch

252 Seiten, farbig, Hardcover
ISBN 978-3-7088-0396-8
EUR 24,90

Der Spitzen- und Haubenkoch, der viele Jahre im Hotel Intercontinental in Wien die Gäste mit seinen kulinarischen Kreationen erfreute, kocht heute im Weinviertel. Die Produkte kommen aus der Region und die Rezepte sind bodenständig.

„Manfred Buchinger legt Wert auf Regionalbezug und verzichtet weitgehend auf Firlefanz.“ *gaultmillau*

„... Buchinger, der Andy Warhol der österreichischen Gastronomie; einst ein grandioser Selbstdarsteller, voller schräger Ideen von Lachs in Amaranth-Popcorn-Kruste bis Erdäpfel-Sushi ist er heute sehr erfolgreich beim Freilandschwein und grünem Veltliner angelangt.“ *essen & trinken*